U0042860

跟大師
學創造力
3

達爾文
與演化論
+
21個
自然實驗

克利斯頓·勞森 Kristan Lawson 著　朱璞 譯

Darwin
and Evolution
His Life and Ideas, 21 Activities

給讀者的小提醒

　　如果你迫不及待想要了解演化論，第 6 章對達爾文的演化論有很清楚的說明。比起達爾文的生平，對演化論更感興趣的讀者，建議你跳過前面的章節，先翻到第 6 章。

致謝

　　感謝傑洛米・波倫以及安奈莉・魯弗斯的幫助。

目　錄
CONTENTS

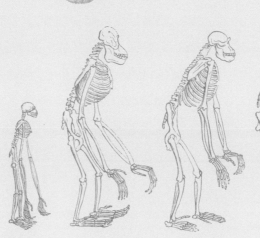

長臂猿　　紅毛猩猩　　黑猩猩　　大猩猩　　人

總導讀

鄭國威（泛科學總編輯及共同創辦人）

身為一介投身科學知識傳播與教育領域的文科生，我一直在找尋兩個問題的答案。第一個問題是，要怎樣讓比較適合文科的孩子不要放棄對理科的好奇心與興趣？第二個問題是，要怎樣讓適合理科的孩子未來能夠不要掉入「專業的詛咒」。

選擇理科或文科，通常不是學生自己由衷的選擇，而是為了避免嘮叨跟麻煩，由環境因素與外人角力出的一條最小阻力路徑。孩子對知識與世界的嚮往原本就跨界，哪管大人硬分出來的文科或理科？更何況，過往覺得有效率、犧牲程度可接受的集體教育方針，早被這個加速時代反噬。當人工智慧加上大數據，正在代理人類的記憶與決策，而手機以及各種物聯網裝置，正在成為我們肢體的延伸，「深度學習」怎麼會只是機器的事，我們人類更需要「深度的學習力」來應對更快速變化的未來。

根據國際學生能力評量計（PISA，Programme for International Student Assessment），臺灣學生雖然數理學科知識排名前列，但卻缺乏敘理、論證、思辯能力，閱讀素養普遍不足。這樣的偏食發展，導致文科理科隔閡更遠，大大影響了跨領域合作能力。

文科理科繼續隔離的危害，全世界都看見了，課綱也才需要一改再改。但這樣就能解決開頭問的兩個問題嗎？我發現的確有解法，而且非常簡單，那就是「讀寫科學史」，先讓孩子進入故事脈落，體驗科學知識與關鍵人物開展時到底在想什麼，接著鼓勵孩子用自己的話來回答「如果是你，你會怎麼做？」「如果情況變了，你認為當時的 XXX 會怎麼做？」等問題，來學習寫作與表達能力。

　　閱讀是 Input，寫作是 Output，孩子是否真的厲害，還得看他寫了什麼。炙手可熱的 STEAM 教育，如今也已經演變成了「STREAM」——其中的 R 指的就是閱讀與寫作能力（Reading & wRiting）。讓偏向文科的孩子多讀科學人物及科學史，追根溯源，才能真正體會其趣味，讓偏向理科的孩子多讀科學人物及科學史，更能加強閱讀與文字能力，不至於未來徒有專業而不曉溝通。

　　市面上科學家的故事版本眾多，各有優點。仔細閱讀過這系列，發現作者早就想到我尋覓許久才找到的解法。不僅故事與人物鋪陳有血有肉，資料詳實卻不壓迫，也精心設計了隨手就可以體驗書中人物生活與創造歷程的實驗活動，非常貼心。這套書並不只給孩子，我相信也適合每個還有好奇心的大人。

導讀

陳振威（新北市國教輔導團國小自然輔導團專任輔導員）

16-17 世紀誕生了伽利略與牛頓等天文學、數學與物理學家，19 世紀則誕生了達爾文這位偉大的生物學家。本書除了透過文字如實的記敘達爾文的一生，還配合 21 個有趣的操作活動，讓我們輕易理解達爾文的想法與發現，藉此將達爾文人生中最重要的經歷描繪出來。伽利略被教皇逼迫公開宣誓放棄他的「非地心說」，且在 1633 年被判終身監禁，在此之後包括達爾文在內的多位科學家，由於他們的新發現，人們也開始懷疑起上帝的存在。

科學家對於科學的發現往往是導因於多一點點的思考，別人認為理所當然的事物與現象，背後的原理與概念就是科學家們時常思考的。例如，當牛頓看到蘋果掉下來，他會想到月亮是不是也應該被地球往下拉呢？伽利略看到教堂上的吊燈被風吹動時，他用脈搏測量吊燈來回擺動的時間，經過實驗後才會發現影響單擺週期的因素。達爾文也不例外，當他看到加拉巴哥群島上的鳥，鳥嘴長得不一樣時，他不會覺得理所當然，反倒想到是不是因為吃的東西不同，所以才會演化出各自適合的鳥嘴。

達爾文還有一個值得我們學習的地方。

當他看到各式各樣的生物時，他會先把看到的記錄下來，然後回家再慢慢比對與研究，進而找到一些可能可以歸納的原理原則。在搭乘小獵犬號冒險的期間，他就是依此科學方法進行研究，以及像所有偉大科學家一樣，透過不斷的實驗或觀察記錄，然後抽絲剝繭才會有驚人的發現。

　　看完這些科學家的好奇心與研究精神，讓我們不得不佩服他們，也希望自己能像他們一樣，保有對萬事萬物的好奇，進而思考問題的背後原因，讓我們一起跟大師學創造力吧！

大事紀年表

1654	詹姆士・烏雪主教計算出地球是在西元前 4004 年 10 月 23 日被創造出來的
1735	林奈提出所有動物的分類法則,沿用至今
1798	馬爾薩斯發表《人口論》
1809	達爾文出生於英格蘭的士魯斯柏立
1825	由於達爾文在校學業表現不佳,被送往愛丁堡學習醫學
1827	達爾文從醫學院休學,轉到劍橋念書,預備將來當個神職人員
1831	達爾文登上英國皇家海軍小獵犬號,展開環遊世界的旅程

1832	達爾文在巴西叢林、阿根廷沿岸探勘,收集了上千種植物、動物與化石
1835	小獵犬號抵達加拉巴哥群島
1836	歷經將近五年的海上航程後,小獵犬號返回英國
1838	達爾文開始偷偷撰寫關於演化論(或是像他一樣稱之「物種演變」)的筆記; 達爾文閱讀馬爾薩斯的《人口論》,並開始構想天擇理論
1839	達爾文與表姊艾瑪結婚 達爾文的第一本著作出版,記錄在小獵犬號旅程中的見聞
1842	達爾文著手撰寫演化理論的第一版草稿 達爾文一家人搬到肯特的唐恩小築

1846	達爾文對藤壺深深著迷，花費接下來的八年時間進行研究
1854	達爾文出版一系列關於藤壺研究的著作
1858	達爾文收到華萊士的來信，信中表示他發現的一個天擇理論，正好跟達爾文的觀點相符
1859	達爾文撰寫並出版《物種起源》，此書讓他馬上變得舉世聞名
1863	新發現介於蜥蜴與鳥之間的物種化石，稱為始祖鳥，似乎印證了達爾文的理論
1865	孟德爾發表遺傳實驗結果的著作
1871	達爾文第二本知名著作《人的出身》出版
1872	達爾文出版《人與動物的情感表達》
1875	達爾文出版《食蟲植物》
1882	4 月 19 日達爾文去世，葬於西敏寺
1900	孟德爾的實驗結果被重新發現，運用在基因學上
1925	約翰・史科普斯因為講授演化論，在著名的「猴子審判」中被判有罪
1953	發現遺傳主要關鍵 DNA 的結構

達爾文的時代，幾乎每一個人都相信是上帝創造了世上所有生命，而且自從創造的最初幾天開始，就再也沒有新物種出現了。

導論

達爾文累壞了。搭乘英國皇家海軍的小獵犬號環遊世界回到英國已經兩年了，這段期間他一直在整理記錄從旅行途中收集回來的動物、植物與化石。1836年10月，小獵犬號終於返抵英國時，這名年輕人鬆了一口氣，因為長達五年的海上生活總算結束了。他在小型小獵犬號的生活環境侷促又不舒服，常常很嚴重的暈船。但是在這趟旅程中，他發現了上千種奇異特殊的動物、罕見的植物，以及神祕的化石。他迫不及待想要把這些新奇發現撰寫成書。

再度回到家鄉讓達爾文充滿了活力。從小在英國鄉村長大的他，首度搬到倫敦居住。在那裡，這位年輕的博物學者租了個房間，開始著手進行他希望能成為傑作的著作。

但是努力寫了兩年之後，一本書變成了三本，而且他還只完成了其中一本。達成目標的日子似乎遙遙無期。他還發現自己根

本無法專心在一個主題上。每當他仔細研究一個標本，心裡總是冒出更大的問題：世界上各式各樣的動物是從哪裡來的？為什麼化石總是看起來跟活生生的生物不同？

更糟糕的，達爾文發現自己討厭住在大城市裡。他喜歡童年家鄉的開闊空間，以及他在旅途中去過的荒郊野地。現在，每當他看向窗外，就只看得到倫敦髒兮兮的街道、汙濁的空氣以及忙碌擁擠的人群。他需要休息一下，以保持頭腦清醒。

自 1838 年起，達爾文開始閱讀一些休閒讀物——任何能吸引他目光的有趣書籍他都看，這麼做的目的就是為了讓自己別老是去想那一盒盒標本，別再去看房裡那一疊疊的筆記。

10 月下旬的某天傍晚，研究告一段落的達爾文拿了《人口論》來看，這本書雖然四十年前就出版了，但至今仍舊很暢銷。作者是名叫馬爾薩斯的神父，他試圖想要搞懂為什麼英國始終有這麼多的窮人。雖然這本書不像冒險故事或是浪漫小說那麼有娛樂性，不過達爾文很開心能讀到一本與他自己的動植物研究完全無關的書。

至少他是這麼認為。不過後來事實證明，他實在錯得離譜。

※

在達爾文環遊世界的旅途中，他明白了一些其他科學家已經知道的事情：世界上動物種類之繁多，超乎以前的人類所能想像。在挪亞方舟這個故事寫

成的古代，人們認為世界上最多只有一百種不同的動物——狗、貓、牛、獅子、老鼠、羊、狐狸、老鷹、麻雀、甲蟲、鹿、猴子之類的；這些動物各不相同，但是種類不多，挪亞可以很輕鬆就把牠們統統裝進方舟裡。但是在達爾文的年代，1800 年代中期，探險家已經發現了成千上萬種不同的動物，而且每一年會增加超過一百種的新動物。每當達爾文看著自己手邊的動物樣本，他常會想：是不是每一種動物都完全長好了，而且是跟其他物種徹底不同？或者這些動物彼此之間有某種關聯？達爾文尤其困擾的是，為什麼某些物種彼此長得如此相像，卻又明顯不同？比如，這種鳥的鳥喙比那種鳥的稍微長了一點點；這種猴子跟另外一種幾乎一模一樣，而差別只在這種猴子的牙齒很尖利。為什麼會這樣呢？

達爾文開始相信，所有動物都是源自百萬年以前的同一個祖先，但是慢慢一點一滴的改變，最後出現了數種不同的型態。這些不同型態的動物又繼續發展成為我們今日所見的各種動物。後來這個過程被命名為「演化」。演化的想法其實存在已久，但是沒有人（包括達爾文）能夠搞清楚動物到底是怎麼進化的。多年來，許多觀點被提出來，卻都不太能成立。甚至有一位很優秀的作家宣稱，動物長出新特徵純粹是靠意志力！達爾文愈想專心研究他的樣本，愈容易分心去想他所謂的「物種問題」。達爾文對這個主題實在太有興趣了，當他在寫小獵犬探險紀錄的同時，便開始把他對於演化的想法偷偷記錄在另一本祕密筆記上頭。

要在英國過度擁擠的城市裡生存，是一場鬥爭。

在 1838 年那個秋天的傍晚，達爾文拿起馬爾薩斯的書，打算將演化問題拋諸腦後，只想要好好放鬆一下。他坐了下來，吁了口氣，開始閱讀。

馬爾薩斯此書的主要論點在於，這世界上的人口實在太多了，人口數量增加得太快，快到人類來不及準備足夠的食物餵飽每一個人。為了得到足夠的食物，人們總是在爭執，也要跟其他人競爭，才能擁有舒服的生活。在這樣的競爭過程中，有些人是贏家，有些則很不幸的輸了。那些輸掉的人，最終會淪落到街頭乞討，住在像是倫敦這種大城市裡的擁擠貧民窟。馬爾薩斯在書中不時會強調，當人口數量大到失去控制的程度，某些災難無可避免的會隨之而來，使得那些最弱小的成員死去。這些災難有時是饑荒，有時則是瘟疫、戰爭，或者是其他災禍。但是，根據馬爾薩斯的理論，導致貧窮與痛苦最根本的原因，是人類增加的速度快過糧食增加的速度。

達爾文覺得這些說法很有道理。不過隨即他發現同樣的理論不只能解釋人類的處境，還可以用來解釋所有物種的狀況。在野外，多數動物會生下一窩寶寶，但是大部分的寶寶會夭折，不是餓死就是被掠食者吃了。

他以前怎麼沒想到呢？就是這樣！這個想法在那當下大大震撼了達爾文，他又驚又喜，甚至連手上的書都掉到地上了。馬爾薩斯無意中為達爾文揭開了演化的祕密，這個長達好幾代科學家都感到難解的問題。

達爾文在野外進行自然觀察時發現，通常動物會生下許多寶寶，遠超過能存活的數量。他開始思考，到底少數能存活的寶寶有什麼特別的呢？達爾文知道每一隻動物寶寶都跟同胞手足有些微的差異。好比一隻兔子寶寶，牠的腿不如姊姊有力，狐狸出現時，這隻小兔子很可能會來不及逃命，狐狸就

會抓住並吃掉這隻跑得慢的小兔子，而跑得快的小兔子姊姊，不但能順利逃走、活下來，最後還可以長大並且生下牠自己的寶寶。這批兔子寶寶會繼承牠們媽媽的強壯快腿，存活下來的小兔子長大後，又會生出牠們的寶寶，整個過程會不斷重複。透過這樣漸進式的方式，隨著每一代的出生，物種會有所改變──繼續發展出更強壯的跑步肌肉、偽裝效果更好的毛色、吃得到更多食物的長脖子等等。伴隨著足夠的時間，繁衍出更多的後代，地球上的物種有可能就是靠這樣的方式進行演化。

在 1838 年，這是一個很嚇人的想法。大多數人相信是上帝只花了六天時間創造出世界和物種，因為《聖經》是這麼說的。達爾文很怕一旦他公開了這個理論，人們會嘲笑他或是攻擊他。所以他把這個超棒的想法留給自己，寫在祕密筆記裡。他那時還不知道這一本「祕密」筆記會愈寫愈多，寫了二十年之久，他也不知道有一天這本筆記會出版，並且被盛讚為史上最偉大的書之一。

達爾文時代的科學家們，最早開始思索百萬年前的地球長什麼樣子。

Chapter 1

在達爾文之前

這不只是某個人的故事，也是一個觀念如何改變世界的故事。達爾文不像那些你所熟悉的英雄。他幾乎有半輩子的時間都病懨懨的在床上，或是裝病。他是個壞學生，成績大多勉強過關。他寫過幾本相當知名的書，卻認為寫作是件苦差事，而且不知道該如何把他所想用文字表達出來。他有嚴重的上臺恐懼症，沒辦法在大眾面前替自己的研究成果據理力爭。雖然他乘船遊歷世界，但每次只要一上船就開始暈。雖然他被稱為史上最偉大的思想家之一，卻常常管不住自己的思緒與情感：他老是因為一些不重要的小細節分心，或是陷入惡劣的情緒之中。他心懷恐懼，怕生病、怕死，最嚴重的是，怕被別人拒絕。

這麼奇怪的人，為什麼會這麼出名呢？因為在他這些怪異性格底下，藏著一個狂放不羈的天才。雖然他自己可能沒有意識到，但

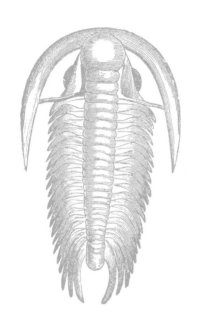

他的一生都花在創造與琢磨一個歷史上最為重要的觀念。現今，我們用一個詞來總結這個震撼世界的觀念：演化論。然而驚人的是，達爾文從來沒有用過這個詞來說明自己的理論。他傾向用更精準（卻更難記得）的說法——透過天擇而演變。但是就連這個說法（稍後會說明）也無法完整表達蘊含其中關於宇宙萬物的概念。

達爾文試著解釋世界上所有動物與植物是從何而來。然而他這麼做，意外的揭開了其中一個潛藏的宇宙法則。原來演化論不只關乎動物，而是發生在每一個人每一天的生活當中。我們也慢慢了解達爾文的理論關係到幾乎世上的每一件事：語言、銀河系、時尚、生態系、觀念、關係、疾病、文化以及其他各種面向。甚至就連演化論本身都產生演化了。達爾文自己肯定從來沒有預想過他的觀念後來會發展成什麼樣子。他當初只不過是想弄清楚，為什麼他在偏僻小島看到的鳥，會有不同大小的喙。

達爾文之前的演化論

達爾文並非發現演化這個觀念的第一人，這個觀念早已存在好幾百年了。他甚至不是第一個提出天擇法則的人。達爾文最重要的成就是，他是第一個把這兩種觀念組合為一個理論，並且提出壓倒性證據的人。

在達爾文之前，世界上大多數的人根本不會去思考動物的起源。他們假設動物的模樣和行為是永恆不變的。貓就一直都是貓，豬就一直都是豬，這

是大家都知道的常識。畢竟從來沒有人看過一種動物變成另一種。此外，《聖經》也說了，很久以前上帝創造了所有的動物，而大多數人都相信《聖經》不可能有錯。早在古希臘時期，那些深度思考的哲學家，就曾經推斷過演化——或是一個物種變成另一個物種——確實發生過。不過在達爾文之前，沒有人能夠理解這是怎麼發生的。

早在西元前 450 年，希臘哲學家恩培多克勒寫道，每一種動物都是從植物演化而來的，但是大多數都無法存活下來。如果牠們的特徵讓牠們無法進食或繁殖，就會被自然淘汰。他推想，正是因為這樣，我們只能看到適應良好的動物，而那些適應不良的全都絕種了。令人驚訝的是，這個古老時代提出的觀點，竟然非常接近兩千三百年後達爾文提出的天擇概念。遺憾的是，只有少數人知道恩培多克勒的這個觀點。

西元前 4 世紀的知名希臘哲學家亞里斯多德，他相信某些種類的動物比其他動物更具備優勢。他是第一個提出分類學的人，也可以說他是第一個按照生

中世紀時期，如果有誰膽敢反駁質疑《聖經》，就要面對最恐怖嚴厲的處罰。

分類學是分類東西的科學，也就是把東西分類到相關家族與群體之中。瑞典博物學家林奈創造了可以將所有動、植物非常妥善分類的方法，科學家們至今仍繼續使用。但是你可以設計一套屬於你自己、適用所有種類物品的分類法。

你需要——
◆ 20~50 個不同的小東西
◆ 20~50 張厚紙片或卡片紙
◆ 一張非常大的紙
◆ 透明膠帶

你可以用名片背面的空白處製作厚紙片，或是將厚的彩色圖畫紙剪成 5 平分公分的方紙片，甚至可以用舊的營養麥片的空盒裁剪而成。至於那張非常大張的紙，你可以用舊海報的背面空白處，或是包肉的紙張，或是包裝紙空白的那一面。

去後院逛逛，看看鄰近的地方，還有你家裡，從這些地方收集各樣不同有趣的小東西：小樹枝、死掉的蟲子、小玩具、植物的一部分、石頭、堅果、髮飾、遊戲棋子、橡皮擦、貝殼——各種你找得到的東西！

把所有東西散放在地上。挑一樣，並且在卡片上方用寫下物品名稱，再寫下根據幾個分類而判定的物品基本特性。你可以自己設計你喜歡的分類，不過底下有幾個選項可供參考選擇：

製作的原料是什麼？（塑膠、木頭、金屬、動物性原料等等）

有機的或是非有機的？（有機的是指東西原來是活的，或是有一部分是活的。例如，葉子是有機的，因為葉子曾是樹木的一部分，其他用木頭製作的物品也算在內，像是牙籤。石頭或是用金屬製作的物品則是屬於非有機的，因為這些東西並沒有生命。）

顏色？（綠色、棕色、紅色、混合多種顏色等等）

鉛筆、木頭做的、有機的、黃色、在家裡發現的、形狀規則對稱、不可以吃、沒有腿、會浮在水面上

在屋子裡頭或是在外面發現的？
是不規則形狀或是形狀規則對稱？
可以吃或是不能吃的？
會沉入水中或是會浮在水面上？
有沒有腿？

採用這些分類條件，假設你在沙發底下發現一小截斷了的鉛筆，分類卡片上的內容會像這樣：

◆ 鉛筆　◆ 木頭做的　◆ 有機的
◆ 黃色　◆ 在家裡發現
◆ 形狀規則對稱　◆ 不可以吃
◆ 會浮在水面上　◆ 沒有腿

將每一樣東西製作分類卡。試著在每一張卡片上用相同種類去進行分

類。如果你不確定某樣東西的某個項目該是哪一類，問問可能會知道的人。有時候，答案可能會出乎你的意料之外！（例如，橡皮擦是有機的，因為橡皮擦是用橡膠做的，橡膠則是來自橡膠樹。）當你完成分類卡，就把他們散放在大張的紙上，並且在上方大大寫著「分類表」。

現在是要發揮真正創意的時候了。在大張紙上，按照你自己的邏輯把分類表歸成一組一組的。所有塑膠製品歸成一組，紅色物品是另外一組，可以吃的又是一組。萬一你有紅色塑膠鈕子，該怎麼辦呢？先把塑膠物品的卡片歸在一組，然後將鈕子的分類卡放在這一組下面一點的位置，接著把紅色這一組放在鈕子分類卡的旁邊。這樣就可以看出鈕子是屬於這兩組的。繼續進行分類工作，安排好分類卡的組別，直到你覺得每樣東西的分類位置夠好，類似的種類與物品夠靠近彼此。或許你可以在一開始就把所有物品分成兩個主要大類（例如：「在屋子裡頭」跟「在外頭」），然後再細分出小一點的種類，以此類推。

當你全都分類好，也對這樣的分類結果感到滿意時，用膠帶把卡片固定好。然後畫線（用尺畫會比較容易些），標示這些組別彼此的關係。如果你願意，還可以寫上每一個小組的分類關鍵字。

等你完成以上的工作，就可以把你的分類表貼到牆上嘍！

命型態進行分類的人。他認為所有的生命可以分門別類歸納到「創造之梯」裡頭。蟲與蛇是最低階層，因為牠們在地上爬。人類在最高層，因為人擁有強大的心智力量。這個看待世界的觀點非常具有影響力，而且在達爾文的時代，多數人都同意亞里斯多德的說法，人類是「比較高等」的，或者說人類優於那些「低等動物」。

還有其他許多古代哲學家，像是德謨克利特與阿那克西曼德，也都在他們的著作中提到了演化論。他們相信這個世界與置身其中的萬物，都是慢慢從空無一物演化而來的，且繼續不斷的改變。

然而知識自由時期並沒有持續下去。在黑暗時期與中古時期的歐洲（大約是西元 400 年至 1400 年），天主教教會握有大權，相信《聖經》裡寫的都是真的，並且利用法律來強迫人民接受。演化論的觀點徹底被抹滅；古代哲學家也被世人遺忘。當時普遍的信念是，根據《聖經‧創世紀》所述，上帝在第五與第六天創造了世上所有的動物，然後上帝的工作就完成了，再也沒有新的動物出現。因此，所有動物都是打從世界之初就存在的。除此之外的想法都會被視為異端邪說，是可以判處死刑的罪。

科學的崛起

文藝復興時期與啟蒙時期（15 世紀至 18 世紀），人類思想愈來愈開放，天主教會的影響也逐漸降低。科學發現——例如，地球是繞著太陽運轉的這個事實——指出《聖經》不見得是完全正確的。所以當時的人們開始把《聖經》視為道德指引，而非歷史或科學的資訊來源。這樣知識氛圍的改變是緩慢且逐步的，然而在英格蘭，英國國教（聖公會）教會卻還是非常保守。

許多科學家試著用不會冒犯觸怒教會的方式，發表他們的科學新發現。「特殊創造」就是試圖融合科學新發現與教會教義的一種說法。17 世紀與 18 世紀這段期間，前往世界各地的探險家發現了愈來愈多的動物、植物、化石。人們開始感到產生疑問：上帝真的在同一時間在全球各地創造了上千種不同的物種嗎？那麼化石又代表什麼呢？某些化石層出現新的動物，但是某些舊的動物卻不見了。要是上帝沒有在第五天、第六天的創造中創造出那些新動物，牠們又是怎麼出現的？

這些問題換得了一個妥協的答案，稱之為「特創論」。每一個新的物種確實還是上帝的創造，但是不見得是在創始之初就創造出來的。根據這個說法，上帝偶爾會創造新的動物與植

拉馬克懷疑長頸鹿演化出長脖子，是為了吃到樹頂的嫩葉子。

拉馬克。

物，上帝這樣行動就是所謂的「特殊創造」，發生在《聖經‧創世紀》描述的那些事件之後。這樣就說明了為什麼物種起源看來像是近期發生的現象。不過人們還是認為，一旦物種創造出來，就一直維持上帝塑造而成的原樣。

特創論的主張幾乎讓所有人都滿意了。探險家、自然歷史學家、古生物學家以及科學家可以繼續向前進展，不用再擔心一些新發現會觸犯基督信仰了。教會也很高興能夠主張，世上萬物確實是由上帝直接創造的。

然而，到了 1700 年代末期，一個新的演化論觀點冒了出來。主要提倡者是伊拉斯謨斯‧達爾文（達爾文的祖父）與拉馬克。他們都提出一項如今稱為「後天獲得的性狀遺傳」的概念。拉馬克是法國自然歷史博物館的動物學教授，在當時，他幾乎被認為是世上最了解動物的人。他注意到許多物種有很明顯的相似之處，開始相信這些物種彼此有關係，而演化是唯一能解釋這種關係的方式。這一點拉馬克說對了，但是他並不確定是什麼造成了演化。伊拉斯謨斯‧達爾文也一樣，他提出動物的外型之所以改變，一方面是因為牠們的意志力，一方面是因為環境影響。然後當那些有變異的動物出現，牠們的小寶寶就會遺傳到這些新特徵。拉馬克舉了一個非常著名的例子，長頸鹿會伸長脖子努力吃到樹頂最美味的嫩葉。一段時間過後，長頸鹿的脖子就變得更長了。然後當長頸鹿寶寶出生，就會遺傳到牠們媽媽的長脖子。（可以試試第 2 章「後天獲得的性狀」小活動，看看拉馬克的說法對不對。）

這種理論的問題在於沒有人親眼見過它發生，也沒有證據能夠證明這個過程曾經在自然界中發生過。反倒有證據否定這項理論。批評者指出，鐵匠天天打鐵，所以手臂肌肉生得非常健壯，但是他的孩子卻還是只有正常粗細

探險家們注意到歐卡皮鹿長得就像脖子比較短的長頸鹿，這兩種動物會不會有什麼關係呢？

的手臂，就跟其他孩子一樣。一個女人手指被切斷，但是她的寶寶還是十指健全。就人們所知，人的一生中並不會把後天獲得的性狀遺傳給後代。

神聖的鐘錶匠

演化論的另一個衝擊在 1802 年到來。頗具影響力的牧師佩利發表了一篇有趣的辯論文章：如果你在地上發現一塊石頭，然後有人問你：「這塊石頭是從哪裡來的？」你可能會回答：「石頭早就在這裡了。」但是如果你發現的是一隻手錶，又有人問了同樣的問題，你就會停下來好好想一想。手錶裡面有上百個細小的齒輪、彈簧與錶盤，它的製造如此精良，不可能隨便就出現在地上，或是像變魔術般把一些自然物質組一組就變出手錶來。手錶顯然是由某人設計與製造出來的——或許是鐘錶匠。現在，佩利牧師延續這個辯論觀點，來看待世界上所有的動物。牠們遠比手錶複雜多了，翅膀、血管、大腦、肌肉、細胞以及骨骼，全都完美而協調的一起運作。這一切不可能沒有經過計畫，只是靠著巧合、機緣而出現。佩利表示，如果手錶的存在意味背後有個設計者，那麼一些比手錶更精巧的設計，例如動物解剖學，更證明了這一切的背後有個設計者。正如佩利所言，「設計品一定有個設計者。設計者必定是人，那個人就是神。」換句話說，看似隨機、沒有目的、不具備智慧的大自然，不可能意外創造出那麼複雜又互相協調得如此「完美」的身體——尤其是人類。

佩利的說法說服了很多人。似乎真的不太可能單靠著演化（盲目的自然力量），就能創造出我們身邊這些複雜精妙的生命型態。

1809 年達爾文出生時，大概就是上述這些立論的年代。關於演化的辯論一直持續著，但是相信創造論（或說特創論）的人，以及信服佩利「神聖鐘錶匠理論」的人比較占上風。因為一直沒有人能提出有說服力的見解來說明演化到底是怎麼進行的。直到演化學家發現是什麼法則致使物種改變，演化仍舊只是純粹的推測。當時對演化論感興趣的人不多，有些人則是覺得好玩。但是對大多數人而言，這是與《聖經》相牴觸的危險概念。演化論的成立還有一段艱難的路要走。

達爾文的英格蘭

達爾文生於 1809 年，於七十三年後，1882 年去世。他生活的那個年代，19 世紀的英國，跟現代化的世界大不相同。

很多現今理所當然的發明，當時一個也不存在。沒有飛機、汽車、電話、電腦、電燈、電視、電冰箱、收音機，或是其他成千上百種日常用品。只能透過寫信跟朋友聯絡；要去遠方旅遊，必須搭船飄洋過海。近一點的旅程，多數人會用走的或是搭乘馬車；一切家務工作只能靠雙手完成。多數的家庭沒有室內沖水馬桶和自來

革命分子試圖推翻英國階級制度，他們的集會常常演變成群眾暴力事件。

事實、理論與信念

達爾文與他的理論始終引起不少爭議。但有部分爭議是來自於人們不了解事實、理論與信念有什麼不同。

事實，是可以驗證與記錄的一些資訊，例如，科學觀察或是歷史事件。

理論，是普遍的原理，用來解釋一些驗證過或是記錄下來的事實與觀察結果。

信念，不論有沒有可以檢驗的證據，相信某個想法是真的或重要的聲明。

之所以會產生困惑，是因為理論通常是針對科學，而信念則是通常跟宗教相關。科學家會被說服某個理論是正確的，因為這是最適合用來解釋某些已知的事實。信仰虔誠的人堅持某個信念，是因為他或她覺得那是真的，又或是因為某位聖者還是文件說那是真的。宗教信念是無法查證或反駁的，只有事實是可以查證的，理論頂多也只能確認，而非查證。

宗教信念與科學理論真正的差異在於信念不容許質疑或挑戰，因為信仰的內容是來自於神。反之，理論會不斷進行調整與更新，好將新發現的事實納入其中。如果一項新的事實完全否定現有的理論，那麼科學家就會放棄這項理論，轉而支持更能充分解釋事實的新理論。

既然宗教信念不是建立在科學的根據上，人們當然可以相信科學理論，同時維持信仰虔誠。完全不會因為接受一個就自動排除另一個。許多科學家都相信上帝，而多數信仰虔誠的人也接受某些科學說法。不過科學家不可能證明宗教信念是「錯的」，或者上帝是不存在的。同樣的，宗教人士也無法只是藉著宣稱上帝或是宗教經典不贊同，而證明科學理論（例如演化論）是錯的。

水，也沒有電插座和任何電器用品。

　　但是世界正開始改變。在達爾文出生前不久，1760 年至 1790 年之間，英國進入如今稱為「工業革命」的歷史時期。這項革命不像美國獨立那樣的武力戰爭，也並非法國革命那樣的政治動亂。工業革命是一系列技術與動力的快速進步，改變了人們每一天的生活。

　　蒸汽機被發明出來，提供機器動力，讓它一小時就能完成一個人要花一整天才能做好的工作。首次使用鐵來建造橋梁和鐵路。一度被農場和森林完全覆蓋的陸地上，工廠如雨後春筍般冒了出來。人們拋下自家農場，成群結隊的前往工廠找工作。工業城鎮擴張成都市，都市再成長為大型都會區。人們相信機械會讓英國更繁榮、更強大。

　　19 世紀初期，英國社會階級區分嚴格。上層是非常有錢的貴族，最底層的是貧窮、吃不飽且受到壓迫的農夫。當時的人要不是很有錢，就是貧窮的下層階級，沒有例外。但是工業革命徹底改變了這個分界，新的階級出現了。鄉村農民變成都會工廠的工人；中產階級的生意人靠著做買賣賺大錢；受過高等教育的專業人才，像是醫師、工程師與律師，透過他們的技能、專業，往社會階層的上層爬升。當然，還是有貴族與農民之分，但是在整個工業革命過程中，新的中產階級其人數與影響力快速增加。

　　這些改變也帶來了麻煩。城市變得擁擠、骯髒，貧窮問題惡化。窮人始終是窮人，住在較為髒亂的環境，頂多只是職業不同。當時還沒有任何關於工人應該獲得多少工資，或是該如何對待工人的規定與法律，結果就是工人通常只領到最少的工資，卻要長時間在危險的工作條件下工作。工人們開始

抱怨，要求提高工資並享有更多的權利。同時間，挨餓的人們希望政府伸出援手。上層階級卻覺得餵飽窮人並不能解決貧窮問題；從長遠來看，反而只會製造出更多的窮人。這些社會危機眼看就要爆發。抗爭變得愈來愈頻繁。（關於馬爾薩斯那本討論人口過剩原因的知名著作，就是誕生於這樣的社會情境之下。）

當時的孩童很少去上學；整個英國也只有少少幾間學校！有錢人家的孩子（像是達爾文）會接受家庭教師的教導，或是前往昂貴的寄宿學校、貴族大學就讀。但是大多數的孩童，大約從八、九歲開始，就別無選擇，只能到礦坑或是工廠工作。由於沒有受過教育，他們大多沒有機會找到更好的工作。

達爾文的家庭離那些麻煩問題很遠。他的祖父伊拉斯謨斯・達爾文與外祖父約書亞都很富有，達爾文的雙親也很有錢。達爾文終其一生，家中都有許多僕人服侍，負責煮飯、整理庭園、照顧孩子、清理房間以及洗衣服。但是他在自傳裡頭幾乎沒有提過這些，彷彿那些僕人是不存在的。但其實他跟許多 19 世紀的有錢紳士一樣，他覺得沒必要對讀者解釋這些瑣碎細節。在本書後面的章節，你會看到達爾文與艾瑪生養了十個小孩，你可能會好奇達爾文要怎麼同時照顧養育這些孩子，又當個全職科學家。其實很簡單：達爾文家（跟 19 世紀多數的上層階級家庭一樣）有很多保母、護士與家庭女教師會照顧孩子。這些傭人把事情做得太好，以致於主人根本沒有注意到也不會特別提及。

這段時期，英國探險家、軍隊與傳教士的足跡遍及全球。英國人建立殖民地，在每一洲都征服不少國家。財富與物資從新興大英帝國的屬地運回英國，使其成為 1800 年代全世界最有錢也最強盛的國家。儘管當時大多數的英國人十分貧窮，但是其他國家的人民更加貧困。

1837 年，新任維多利亞女王即位，她是位備受愛戴的領導人，她在位時間很長（直到 1901 年，一共 64 年），人們稱她統治的這段時間為「維多利亞時期」。這期間的英國，在人際關係中，禮儀與合宜的態度占首要地位。每一件事都要按照一定的方式完成；自由思考的人們不太受到大家信任。英國維多利亞時期的風尚與說話方式，反映在狄更斯的作品與描寫福爾摩斯的懸疑小說中，這些作品都是在這個時期完成的。

達爾文在世期間，英國在許多方面愈來愈壯大，比以前更強盛。儘管工人過得十分艱難困苦，工業革命過程還是讓維多利亞時期朝向好的發展。當時很普遍的一種心態是，人類統治野獸，富人統治窮人，歐洲統治世界其餘的地方。基督教仍被視為唯一宗教，任何挑戰《聖經》的人事物，都被視為與整個社會為敵。

諷刺的是，某個大大受惠於這項制度、富有又愜意的紳士，甚至接受教育要成為一名教士，日後卻成為整個制度最大的挑戰者。

維多利亞於 1837 年成為英國女王時，年僅十八歲。

伊拉斯謨斯，達爾文的祖父。

Chapter 2

愜意的年少時光

祖父、外公都是名人：伊拉斯謨斯‧達爾文與約書亞

早在達爾文出生之前，達爾文這個姓氏在英國便已赫赫有名了。伊拉斯謨斯‧達爾文，達爾文的祖父，是舉世公認的天才，也是最早提出演化論的科學家之一。他的演化論跟今日人們接受的演化論內容不同，卻顯示達爾文這個家族早早就開始思考此一理論了。

伊拉斯謨斯（1731-1802）是一位醫術超群的醫師，在他成功救治一名瀕死的男孩之後，更是備受世人愛戴。人們甚至認為他施展了奇蹟，但他不過是發現之前的醫師誤判了男孩的症狀。即使他這麼解釋，病人還是紛紛前往他位在英格蘭中部利赤非鎮的診所看病。伊拉斯謨斯的財務狀況因此變得相當寬裕，所以他不僅不收窮病人診療費，反倒在治好他們的病之後，給他們錢跟食物。身為史丹佛郡最慷慨的人，再加上又是個技術超群的醫師，伊拉

斯謨斯的名聲愈來愈響亮。有一天，英國國王喬治三世命令伊拉斯謨斯擔任他的私人醫師。然而令大家吃驚的是，伊拉斯謨斯拒絕了，他不想為了就近照顧國王而搬去倫敦。然而，伊拉斯謨斯私底下偷偷支持美國殖民地居民為了對抗喬治三世即將展開的革命行動，可能是影響了他的決定的主因。

伊拉斯謨斯非常胖，他必須把餐桌邊緣削成半圓形，才能為他的大肚子騰出空間，也才能讓他可以與餐點靠近一點。不過無論是在大學時期或之後，他的龐大身材一點也不影響他交往很多女朋友。他的結婚對象是個名叫瑪麗的年輕女人，兩人很快就生育了五個孩子（其中一個叫羅伯特的孩子，就是達爾文的父親）。瑪麗很年輕就過世了，而後伊拉斯謨斯跟他的女朋友又生了兩個小孩。又過了幾年，伊拉斯謨斯娶了第二任妻子，她幫他生了七個孩子——總共有十四個孩子！

1760 年左右，有一名新的病患找上伊拉斯謨斯，他叫約書亞。約書亞是個年輕商人，以製作陶器為家族事業，產品包括杯碗餐盤以及廚房用具等等。因為兩人都對蒸汽引擎與機械設備深感興趣，很快就變成好朋友，這些新事物後來就是在他們鄰近地區發明出來的，即是工業革命的開始，上百部機器設備改變了社會。對伊拉斯謨斯和約書亞來說，每一樣新發明都令他們著迷。他們活在如此巨大改變的浪潮中。伊拉斯謨斯也成了一個發明家，他為約書亞的陶器工廠設計了一座新型風車，還找到一個操控馬車的方法，讓馬車不會翻覆（當時常見的困擾）。其實伊拉斯謨斯有一些很棒的發明始終沒有做出來，他把這些發明藏起來了，因為他擔心有人會偷走他的點子。伊拉斯謨斯甚至設計了蒸汽動力的汽車與飛機——比後來敢於嘗試這些點子的

人早了十年！事實上，他那馬車操控發明背後的原理，至今仍使用於現代汽車的設計上。

伊拉斯謨斯與約書亞一起加入了有科學家、發明家與思考家的俱樂部，取名為月光社，因為他們選在每個月滿月那天聚會，有月光的照耀，讓他們在夜間聚會後的返家之路輕鬆許多。搞笑的是，月光社的成員自稱是瘋子（古時候的人相信，滿月會讓人舉止癲狂）。在 1770 年代，英格蘭一些聰明絕頂的人都是月光社成員，包括瓦特（他大大改良了蒸汽機），以及知名化學家普利斯特里（他發現了氧氣與其他氣體，橡皮擦也是他發明的）。甚至當富蘭克林以美國殖民地居民代表身分前往英國時，也拜訪過月光社。

威治伍一家。約書亞，達爾文的外公，坐在畫面最右邊。達爾文的母親，蘇珊娜，是坐在馬背上位於圖畫正中央的女士。

所有月光社的成員都反對奴隸制度，支持美國獨立，並且堅信宗教自由。在當時，這些都被認為是很偏激的想法，許多月光社成員只能隱瞞自己的政治立場。不過成員們大多談論的主題還是科學，以及機械將會帶來什麼樣的革命性改變。

每月與這些聰明的腦袋共聚一堂，讓伊拉斯謨斯與約書亞充滿了活力和靈感。約書亞在自家工廠裡製作了許多高明的改良裝置，使得他成為全國最

成功的陶器製造者。甚至直到今日，許多人仍認定威治伍陶器是做得最好的。伊拉斯謨斯也開始撰寫關於科學與自然的書。那些書並非正規的書，而是一些很長的詩，內容是關於動物、醫療、發明與未來。一直以來，伊拉斯謨斯都覺得比起散文，自己更擅長寫韻文，他覺得把腦中想法寫成一首詩，要比寫成一般的句子來得簡單。

　　這樣的寫作方式對現代讀者來說可能有點奇怪，但是在 18 世紀，人們可是愛得很。伊拉斯謨斯很快就成為當時家喻戶曉的詩人，但是他的詩文才華卻大大蓋過了詩的主題。人們大力稱讚他是如何表達他的想法，卻鮮少注意到他的想法是什麼。伊拉斯謨斯藉由兩首詩傳達他對演化的想法，一首名為《動物法則》，另一首是《自然的殿堂》：

> *無邊波濤下的生物*
> *孕育在海洋珠玉之穴；*
> *誕生之際，透鏡未及親證，*
> *泥中爬行，水中穿梭；*
> *自此，世世代代勃興，*
> *新生之力可用，強肢健翼已備；*
> *及至成群植蔬繁茂向榮，*
> *鰭與足與翼之族生息無疆。*

　　這首詩說的是，最早的生命是起源於海洋中的微生物，而現存的所有動植物都是從那些少量的「有機生物」演化而來的。如今大部分的科學家都相

信這個說法是正確的，然而當時只有很少數的人能夠了解。歷史對可憐的伊拉斯謨斯很不公平，他的見解幾乎沒人認同。

然而我們卻知道一件事，他的孫子達爾文深受《動物法則》與《自然的殿堂》這兩首詩啟發，而後他也確實讓達爾文這個姓氏名留青史。

小寶寶時期

伊拉斯謨斯的兒子羅伯特與約書亞的女兒蘇珊娜相遇相愛了。事實上，這兩位名人父親多年來都偷偷盼望著他們倆的孩子可以在一起！羅伯特跟父親一樣也當了醫師，而且他也長得胖胖的，不過他對詩與機器向來沒有太大的興趣。

1796 年結婚之後，羅伯特在英格蘭西北方的士魯斯柏立附近蓋了一間大房子，取名為「山嶺」，他以成功的鄉間醫師身分過著舒適的生活。達爾文後來曾說過他非常愛他的父親，但是多數人都認為「羅伯特醫師」（大家都這麼稱呼他）不太好相處，甚至有點可怕。羅伯特醫師的身材如此胖碩，個性如此頑固嚴厲，每當他出現在房間裡，所有人通常是一片鴉雀無聲。這當然也可能是因為他非常了解人們心裡在想什麼，總是能看出來對方是否說謊或言過其實——但這種能力讓人感到不舒服。不過他的病人卻覺得羅伯特醫師這樣的能力很棒，時常會來找他傾訴情緒困擾，而非生理症狀。結果他幾乎一半的工作時間都是在當某種非正式的心理醫師！羅伯特醫師不覺得這有什

羅伯特醫師，達爾文的父親。

麼問題，因為儘管他是個醫師，卻無法接受看見血⋯⋯。

羅伯特醫師與蘇珊娜生了四個女兒（瑪麗安妮、卡洛琳、蘇珊與凱薩琳）和兩個兒子。其中一個兒子是以祖父之名伊拉斯謨斯命名，至於另一個就是1809年出生的達爾文。

達爾文從小就喜歡收集東西，像是貝殼、石頭、郵票和硬幣。在往後的人生中，他常常會想，是否他環遊世界收集貝殼與石頭（以及化石與動物），就是為了持續他童年時期玩的那些收集遊戲。

年輕的達爾文常常會撒些怪異的小謊，為的是尋求刺激。有一次他偷偷溜到外面，在父親的果園裡摘了滿懷的水果，藏在草叢中，然後衝進屋子裡大喊著他找到了被偷走的水果的祕密藏匿地點！羅伯特醫師當然立刻看穿兒子的謊言，而且一點也不欣賞這個玩笑。又有一次，達爾文宣稱如果用有顏色的水澆花，就會開出不同顏色的花朵。

達爾文沒有上過幼稚園或是正規的小學，那個時代的英國沒有這一類的學校機構，而是從七歲開始接受姊姊卡洛琳的教導，她那時也還只是個青少女。不過就如同大多數青少年一樣，卡洛琳沒什麼耐性管教這個好動的弟弟，時常罵他。

「山嶺」，位在士魯斯柏立，達爾文就是在這間房子裡出生的。

當個後院博物學家

達爾文小時候最愛的活動之一，就是觀察家後院的動物。你也可以學習當個後院博物學家。

你需要——

◆ 一枝鉛筆或是原子筆用來記錄，可能還需要彩色筆或是彩色色筆來畫圖
◆ 一本記事本，或是幾張空白紙
◆ 剪刀　◆膠水　◆釘書機

任何一名博物學家真正需要的東西就是耐性。為了觀察自然現象，博物學家常常需要坐著不動，還要長時間保持非常安靜的狀態，以免打擾到正在觀察的動物。

選一個位於家附近，有草、有樹、有蟲子與動物的地方。最方便的選擇就是你家後院（如果你家有後院的話），不然就是前院，或是朋友家的後院，或是附近的公園。溫

暖又有陽光的日子是最好的，因為動物喜歡出來曬太陽，而且你也不會想要大冷天的時候坐在外面吧？

找一個舒適、能夠觀察動物出沒的位置，靜靜坐著十分鐘，試著觀察你看到的每一種動物與蟲子。尋找鳥、貓、松鼠、蜘蛛、小蟲、蜜蜂、蒼蠅、甲蟲，以及任何會飛、會爬、會走的動物。在筆記本上記錄你看到的每一種動物。別只是寫「鳥」，而是寫「知更鳥，銀灰色翅膀，橘色胸部，淺黃色尾下覆羽，展翼大約 25 公分長，腳好像受傷了。」盡可能寫下愈多細節愈好。如果你看到兩隻喜鵲或是兩隻松鼠打架，就把打架過程描述一下。看看天空中有沒有老鷹。仔細看看草叢裡的螞蟻或蜈蚣。如果有哪隻動物停留得夠久，試著盡量精準的畫出牠們的素描。

幾天下來，累積了數小時的觀察後，你就可以拿把你的「田野筆記」整理一下，每一種動物單獨做成一頁的報告，把你觀察到的填寫上去。再幫每一種動物準備一頁白紙，把你的素描剪貼上去，然後按照「鳥」、「蟲子」等等項目來歸類，並且把你的紀錄用釘書機釘起來，做成一本你自己的觀察筆記書。

1816年，達爾文七歲。這時的他已經對大自然感興趣——看到沒有，他手裡拿著一株植物！照片右邊的是他的妹妹凱薩琳。

對於達爾文的母親蘇珊娜，歷史學家所知甚少，達爾文年僅八歲的時候，她就因胃病過世了，達爾文長大後，也幾乎不記得關於母親的事情。蘇珊娜生病時，小孩子不被允許去看她，等到她過世之後，羅伯特醫師又不准家裡任何人談起她。即使家中的每個人都非常難過傷心，大家還是聽從嚴厲的父親的規定。

現今的心理學家認為，人們應該要多談談自己的感受，尤其是難過傷心的時候。若是不准孩子表達因悲慘事件而產生的感受，有時終其一生都會因而難以平復。許多人認為可憐的達爾文就是這個狀況。母親過世一定令他相當難過，但是他被迫要把所有的感覺藏在心裡。他一生中有大半時間都覺得自己的胃有毛病，或許與母親的死因有關吧？

小學生時期

母親過世後，達爾文被送到附近一所專門教授小孩子的學校，但是他在那裡幾乎什麼也沒學到。這間「學校」其實比較像現在所謂的日間照顧中心。他只在這所學校待了一年。1818年，達爾文九歲的時候，羅伯特醫師認為是時候把兒子送進真正的學校就讀了。由於士魯斯柏立沒有免費的公立學校，羅伯特醫師便把達爾文送到一間昂貴的私立男子學校——士魯斯柏立文法學校。（達爾文很幸運能生在富裕家庭，在1818年，大多數的男孩子根本沒機會上學讀書！）

後天獲得的性狀

正如你在第一章看到的，許多 19 世紀的科學家相信所謂的「後天獲得的性狀」，也就是生物在有生之年發展出的特徵是能夠遺傳給下一代。就連達爾文小時候都宣稱，他可以透過澆不同顏色的水，讓花朵變顏色。透過這個實驗你可以自己找出答案，而問題就是：後天獲得的性狀真的可以傳給下一代嗎？

你需要——
◆ 湯匙
◆ 盤子（玻璃或金屬的都可以）
◆ 幾罐食用色素（三種以上的顏色）
◆ 一包小紅蘿蔔的種子
◆ 幾個小的花盆或是空的優格罐子（記得底下要打洞）
◆ 幾個標示植物的塑膠標籤或是幾枝冰棒棍
◆ 土壤

任何植物的種子都可以，但是小蘿蔔的種子最好，因為很快就會發芽。找找看你家廚房有沒有食用色素，或是去買一組有四種顏色的。

在盤子上放一支湯匙，擠上幾滴食用色素，然後拿兩顆小蘿蔔種子放在湯匙裡。重複這個程序，讓每一種食用色素都派上用場，每一支湯匙裡都要放兩顆小蘿蔔種子。如果你只有兩、三種顏色，你可以混合兩種顏色，製造出新的顏色，例如，藍色加紅色會變成紫色，以此類推。讓小蘿蔔種子完全泡在食用色素裡頭。

拿出你的小花盆或是優格空罐，在花盆或罐子裡裝滿鬆軟的土壤，然後把土拍平。要是你有兩顆染紅的種子，就拿兩個植物標籤或是冰棒棍，在上面寫「紅色」，然後插入土中，每個盆子插一個標籤。重複這個程序，接著你就會有一整排標示好顏色的小花盆。

然後，按照各自的顏色，把每一棵染色小種子放入插有標籤的小花盆裡頭。種子要埋入土中大約 0.6 公分深，並且把土蓋上堆好。把花盆放在照得到太陽的位置，最好底下放個盤子。第一次澆水要把土壤都澆溼，然後每天都噴一點水，保持土壤溼潤（但是不要太溼）。

現在是最難的部分——耐心等待！小蘿蔔種子大概一週內會發芽，有時候兩、三天就發芽了。當種子發芽，它們的葉子會不會跟標籤上寫的顏色一樣呢？泡過食用色素的種子會不會長出染上顏色的葉子？還是所有的小芽仍舊是綠色的呢？

一旦你完成這個活動，就會知道環境的影響到底能不能直接改變基因的結構。

士魯斯柏立文法學校。

儘管士魯斯柏立文法學校（大多數人稱之為「巴特勒博士學校」）距離倫敦十分遙遠，在國內卻相當知名。新任校長巴特勒牧師努力要讓這間學校成為十分嚴格正經的預科學校。當達爾文入學時，士魯斯柏立文法學校已經是一個相當可怕的地方。凡是沒有寫功課或考試成績不佳的學生就會被打。

　　幸運的是，達爾文的哥哥伊拉斯謨斯已經在這所學校讀了四年。伊拉斯謨斯不但會保護達爾文，還教導他一些竅門。不過達爾文終究還是個孩子。即使學校規定所有學生都要住宿，小達爾文還是每天至少偷跑回家一趟，畢竟他家「山嶺」距離學校不過才兩公里。他會在家盡可能跟姊妹們玩久一點，然後用最快的速度

製作士魯斯柏立薄餅

用現代標準來看，達爾文那個時代的英國食物非常難消化。多數的主餐都含有大量的肉，製作這些餐點的食譜會用上許多脂肪、「甜麵包」（這名字聽起來不怎麼嚇人，但其實是一種混合動物體內腺體與腦的食物）、血糕、牛腳凍，以及一些現代人幾乎都沒聽過的配方。當時能取得的香料與蔬菜很少，吃外國菜，像是中國菜、墨西哥菜，這種事情根本連聽都沒聽過。那些難以消化的英國菜是當時人們唯一的選擇。

但是並非所有食物都那麼難以下嚥。達爾文特別喜歡甜的酥餅點心，而他的家鄉士魯斯柏立就是以美味的糕點與餅乾出名。在這裡要介紹一種達爾文年輕時最喜歡的點心，而這份食譜真的是來自 1808 年喔！

你需要──

- ½ 杯（120ml）奶油
- ¾ 杯（180ml）糖
- 1 顆蛋
- 1 茶匙（5ml）的玫瑰水（或是香草精，或是檸檬精）
- 1¾ 杯（420ml）的麵粉
- ½ 茶匙（2.5ml）的肉荳蔻
- ¼ 茶匙（1ml）荳蔻乾皮或是肉桂

（說明：在當時測量食物的量都只是抓個大概，所以不論多放還是少放一點麵粉或香料都沒有關係，只要最後你覺得拌在一起很不錯就好了。）

從冰箱拿出奶油，等奶油退冰到接近室溫。烤箱預熱到攝氏 175 度。把糖與奶油放入大碗，用叉子或是打蛋器攪拌打發到輕軟綿密的程度。再加入玫瑰水與蛋，讓它們均勻混合在一起。（這份食譜用的是玫瑰水，不過現在不太容易找到這項食材，所以你可以改用香草精或是檸檬精來代替。）拿另外一個大碗，把麵粉篩進去，並且加入肉荳蔻、荳蔻乾皮（或是肉桂）。小心的把這些乾的混合配料倒入溼的混合配料中，輕輕攪拌至滑順。把麵團放入冰箱。等待麵團變涼的時候，可以先在砧板撒一點麵粉，並在烤餅乾的鐵盤抹上一點奶油。等麵團涼了，拿出來在砧板上桿壓成扁平狀，厚度大約 1.3 公分就好。你可以用桿麵棍，或是直筒狀的高玻璃杯，或是用撒麵粉的罐子來桿麵團。在扁平的麵團上壓出一個個圓形小麵團，用玻璃杯或是做餅乾的模子都可以。有切剩下的麵團可以再收集起來，桿成扁平狀，然後繼續壓出一個個小麵團，直到用完為止。把圓形小麵團放在烤盤上，放入預熱的烤箱烤大約十分鐘。趁沒有烤得太焦、麵團顏色還淺的時候，把「薄餅」（其實更像是餅乾）拿出來。

桿麵團，然後用玻璃杯壓出一個個小餅乾。

達爾文很愛在家後方的河岸邊探險。從塞汶河這邊可以遠眺「山嶺」大宅。

跑回去，趕在晚上校門關閉前最後一分鐘抵達學校。他跟哥哥伊拉斯謨斯（大家暱稱他拉斯，以便跟他的祖父和其他同名的親戚區別開來）睡同一張床，與 30 個男孩共住在一間不透氣的房間裡。由於學校沒有室內沖水馬桶或廁所，所有男孩上廁所都用尿壺。就算尿壺滿了，也只能先放在床底下。每天早上房間都臭得要命，在許多年後，達爾文一想起那股味道，仍會感覺胃部一陣翻攪噁心。

算不上好學生

你可能會認為，被後世盛讚是史上最偉大的天才之一的達爾文，是一名表現優異的學生，但是實際情況剛好相反。連他本人都承認，自己是個很糟糕的學生。他上課不專心，功課都是想盡辦法抄同學的，而且才過了一、兩天，他就會把之前所學忘得一乾二淨。達爾文在自傳中這麼寫道：

來到巴特勒博士的學校，對我的心智發展是再糟糕不過了，這裡施行的是嚴格的古典教育，除了一點古代的地理與歷史，不會教授其他東西。這所學校的教育方式對我而言是一片空白。

達爾文所謂的「嚴格的古典教育」，是指學校只教古希臘語跟古拉丁語。不教英文、不教科學，沒有體育課，沒有近代史和其他語言的課程，就只有希臘語跟拉丁語，沒別的了。你可以想像為什麼達爾文會痛恨這所學校，尤其是他的外語學得非常差。

　　每到放假，都得在戶外才找得到達爾文的人，他會收集鳥蛋、蠑螈和蟲子，或是釣魚、跟狗玩，再不就是在草地上跑來跑去。現代人多半認為達爾文是個嚴肅的老頭兒，將自己關在房裡寫書，坐在椅子上沒有挪動過屁股。但是年輕的達爾文可是相當活躍開朗的，根本沒法在屋裡好好待著。

　　當達爾文差不多十四歲的時候，他父親同意他可以擁有一把來福槍。羅伯特醫師希望自己家的人能夠融入富裕階級，而鄉間的貴族紳士主要的消遣嗜好就是打獵。一開始，羅伯特醫師讓達爾文跟著他舅舅一家人外出打獵，後來甚至允許他自己一個人去。不過羅伯特醫師很快就後悔自己做了這個決定，因為達爾文對於打獵的興趣遠遠勝過於上學。有一段時期，除了在士魯斯柏立近郊森林獵鳥的話題，達爾文什麼都不想談論。由於達爾文一天到晚在打獵，學業表現又實在太差，有一天羅伯特醫師氣到對著他大吼：「你什麼都不管，就只曉得打獵、玩狗跟抓老鼠，你遲早會成為自己和整個家族的恥辱。」被這樣責罵，達爾文覺得心情糟透了。而這件事他一輩子都記得。

　　即使達爾文開始對正經事感興趣，還是受到責備。1824 年的某個時期，拉斯說服羅伯特醫師，讓他跟達爾文在山嶺的工具房打造一間自製化學實驗室，他們將收集來非常特別的設備放在那裡（身在有錢人家幫了很大的忙）。他們把化學實驗的事告訴學校同學，達爾文還因此獲得一個綽號──

「瓦斯」。當巴特勒博士發現這件事，他在學校師生面前責備達爾文，說他把時間浪費在「沒有用的東西」上。

1825 年，羅伯特醫師與巴特勒博士很難過的體認到「達爾文是個非常普通的男孩，他的智力甚至低於一般標準。」換句話說，達爾文笨到不適合繼續待在士魯斯柏立文法學校。因此，他的父親為了避免繼續丟臉，在他十六歲時讓他離開了這所學校。

離開學院
· · · · · · · · · · · ·

一個像達爾文這樣什麼都做不好的男孩，還能幹什麼呢？他的父親看了他的成績表現之後，情緒相當惡劣。

那時拉斯二十歲，他在劍橋大學學醫也有好幾年了。剛好那個月他轉到蘇格蘭愛丁堡大學知名的醫學院，開始接受最後階段的訓練，然後他就可以跟他父親和祖父一樣成為一名醫師了。羅伯特醫師認為最好的安排就是把達爾文送去愛丁堡大學找他哥哥，讓他們兩人一起學醫。

在當時，愛丁堡大學擁有領先全國的優秀醫學院，所以，成績很爛的達爾文要如何才能獲得入學許可，進入這所最棒的學院呢？那個年代的狀況跟現在很不一樣。現代的社會，進入好學校前得先贏得競爭。只有成績最棒的學生才能獲准進入頂尖的學校。在現今，像達爾文這種成績不好的學生，大概只能在一些不入流的學校就讀，說不定還沒有學校可念。但是在 1825 年，

進入最頂尖的幾所大學不是看學業成績。你之前的成績如何，或是以前從沒到學校就讀過，都無所謂。重要的是，你付不付得起學費。大多數的家庭根本不可能負擔得了愛丁堡大學的學費，但是羅伯特醫師行醫加上聰明的投資，都賺了不少錢，所以他能夠輕鬆負擔兩個兒子上大學的費用（達爾文的四個姊妹不能上大學，因為當時女孩子是不能讀大學的）。因此，就算達爾文的還年紀不到、教育程度也不太夠，十六歲的他還是在 1825 年 10 月打包行囊，前往愛丁堡。

伊拉斯謨斯，達爾文的哥哥。

有一陣子，他跟拉斯一起在大學附近租房子住。能夠來到這個熙熙攘攘的大城市，達爾文非常興奮。與士魯斯柏立相比，愛丁堡是座非常先進的城市，到處可見新奇事物。剛來到愛丁堡的頭幾個月，他很興奮的寫了好幾封信回家，還盡可能的登記了一大堆課要上，更在學校圖書館借了一大疊書回家閱讀。

然而才入學一年，達爾文卻發現老師講課非常無聊——除了化學課以外。他之所以持續喜歡上這門課，是因為有些實驗他跟拉斯以前都在家裡做過。他會覺得課程無聊或許是因為他年紀還小，聽不太懂，抑或真的是老師講課太沉悶；也有可能以上兩個原因都多少有一點。

壓垮達爾文的最後一根稻草，是當時所有醫學生都被要求要觀摩外科手術的實際操作過程。可以想像，在 1800 年代早期，沒有麻醉藥物可以用來避免讓病患感覺到疼痛。在那個時候，醫師替患者進行手術時，患者都是清醒的，能感受到手術刀切開皮膚。此外，外科醫師甚至不會在手術前洗淨雙手，所以在經過痛苦難當的手術之後，就算手術是成功的，患者還是可能死

於感染。

達爾文觀摩手術的那一天，要進行手術的患者是個小孩。那孩子尖叫得如此大聲，掙扎得如此厲害，助手必須要抓住他，醫師才能下刀。鮮血噴得到處都是。達爾文嚇壞了，他必須逃出手術房，以免自己嘔吐或是昏倒。從那天開始，他就知道自己當不成醫師了。

有了這樣的經驗，讓達爾文不知該如何是好。但拉斯說服達爾文，總有一天他們會繼承有錢老爸的所有財產，也因此兩人有了共識，反正他遲早會坐擁大筆財富，實在沒必要去當什麼醫師。達爾文後來承認，這真是非常懶惰又貪心的想法，然而對一個驕縱的十七歲少年來說，這真的非常吸引人。但是如果羅伯特醫師發現達爾文不想念醫學院會非常憤怒，很有可能會把他從遺囑上除名，所以達爾文決定要當個又懶惰又狡猾的兒子，他會繼續待在學校，但是不會真的為課業花什麼心思。他是不可能向父親坦白自己對當醫師這件事已經不再感興趣了，他只能假裝當個醫學院學生。實際上，他已經完全無心在課業上了。

拉斯畢業那年還裝裝樣子，幫幾個病患看病，但是他的醫師生涯並沒有持續多久。他依照自己的想法，放棄醫師的工作，搬到了倫敦，終其一生靠父親給的錢過日子。

從現代的標準來看，拉斯變成了一個廢人。但是他的生活方式在當時卻是相當普遍的。如果一個人夠有錢，能舒舒服服過日子，又何必去工作，也不用覺得丟臉。不需要靠工作過活的人，會被認為是可敬的紳士。達爾文似乎注定要步上拉斯的後塵了，他只希望父親不會發現。

所以，他在愛丁堡第一年的課程結束，開始放暑假時，他幾乎不回家，幾個月的假期他都花在拜訪親戚、打獵、在威爾斯地區健行活動上。他仍舊對自然史非常感興趣，也持續收集各樣鳥類與昆蟲。那個暑假，他看了一本名為《鳥類自然史》的書。書中內容讓他感到有些羞愧，因為他獵鳥是為了運動，而非什麼科學理由。他還讀了祖父的詩作《動物法則》，達爾文可能因而開始思考演化這個概念。

在愛丁堡念書的第二年，達爾文徹底了放棄醫學方面的課程，而是全心投入的新興趣，科學。他加入布里尼學會，這是討論科學有什麼創新突破的學生社團。達爾文交了很多新朋友，其中包括教師葛蘭特。其他人都覺得葛蘭特不太友善，但是達爾文挺喜歡他的，因為在葛蘭特暴躁個性之下，有著非常活躍的想像力。他們常常一起在海邊散步，一起去尋找有趣的動物標本。達爾文很想試著切開收集到的標本，看看這些動物的內在構造。可惜他逃掉了所有解剖學的課程，導致他的解剖技術實在不怎麼好。

有一次他們散步時，葛蘭特突然轉向達爾文，開始很興奮的講述演化的知識。葛蘭特詳細說明拉馬克的理論，達爾文卻注意這和祖父的理論幾乎一模一樣。達爾文在自傳中表示他對這個事件「不太有印象了」，然而大多數史學家都認為，達爾文就是從這個時候開始踏上探索演化問題之路。

達爾文也常常搭當地漁夫的船出遊，看看拖撈網有沒有捕捉到什麼不尋常的東西。他會在布里尼學會介紹一些他的小發現。他也開始對地質學（研究地球的科學）產生興趣，甚至試著去上一些這方面的課程，但是，跟以前一樣，他覺得上課內容實在太無聊，就不上了。

達爾文學會如何在死去的鳥體內填塞東西，讓牠們看起來栩栩如生。

不過，達爾文會參加各種校外活動。他去看了知名博物學家兼藝術家奧杜邦的實際示範，如何用填充技術讓死去的小鳥看起來栩栩如生，這門技術叫做「標本製作」。達爾文對這項技術相當著迷，後來就開始上艾德蒙史東的家教課（他就住在達爾文在愛丁堡的家的隔壁）。達爾文喜歡聽艾德蒙史東講自己跟隨探險家前往南美叢林冒險的經歷，可以一連聽上好幾個小時。兩人因此變成很親近的朋友。艾德蒙史東曾經是個奴隸，還是當時蘇格蘭地區唯一的黑人！這件事證明達爾文的心胸非常開闊公平，當時多數的英國人都不會想要跟黑人成為朋友。

改變的時刻

第二學期結束時，達爾文的學業成績沒有進步多少，於是他決定休學。這件事他希望可以瞞著父親，不過他的姊妹們卻打他的小報告，他這下子麻煩大了。「他（父親）非常激動的反對我當個無所事事的獵人，雖然這才是我適合的方向。」達爾文後來這麼寫道。

達爾文為了避免與父親發生衝突，他盡其所能的不回家。1827年4月離開愛丁堡之後，他在蘇格蘭與愛爾蘭旅遊了一陣子，然後前往倫敦，又從那裡去巴黎拜訪他母親（威治伍家）的表親，當時他們正在巴黎度假。嚴格說來，達爾文是跟他的表姊艾瑪一起長大的，因為達爾文家與威治伍家的人常常前往彼此家中拜訪，並住上一段時間。達爾文跟艾瑪都已經十八歲了，才

第一次注意到這位表姊。達爾文寫信給他的姊妹，說自己很驚訝艾瑪竟然變得如此漂亮，亭亭玉立。但是達爾文跟艾瑪並未墜入愛河——至少這時還沒有。達爾文知道他最終還是得回家，回到「山嶺」，面對他的父親。

一回到家，達爾文就聽到了壞消息。羅伯特醫師決定，既然達爾文拒絕學醫，他就該去當個神職人員，當個英國國教會的牧師。雖然現在看來對像達爾文這樣沒有宗教信仰的人來說，當牧師是很奇怪的選擇，但是面對羅伯特醫師根本沒得爭辯，達爾文乖順的接受了。他要在劍橋的基督學院念三年書，之後就要去接下那份令人尊敬的職位，成為鄉間的教區牧師。達爾文認為這樣的安排其實並沒有那麼糟，那個年代的鄉間教區牧師其實沒什麼事要做，可以花時間從事自己其他的興趣。

跟愛丁堡不同的是，劍橋這間學校是有所要求的：想要研讀宗教科系的學生，拉丁文與希臘文必須很流利！達爾文得知這項要求後，差點沒哭出來。在所有他討厭的事情當中——其實他絕大多數事情都討厭——排第一名的就是拉丁文與希臘文。他早就把當初在文法學校學過（或者說假裝學過）的每一個字都忘得一乾二淨，得要從頭學起。羅伯特醫師聘請了家教老師，讓達爾文花了幾個月的時間把那些古語文又重新學了一遍。

無趣的課程被新的興趣打斷了：追求女生。達爾文為一個名叫芬妮、漂亮又長得精緻的女孩深深著迷，完全把表姊艾瑪拋在腦後。芬妮是他姊妹的朋友。每個士庫斯柏立的年輕人都會忍不住多看芬妮兩眼，但是達爾文更有行動力。他常常拜訪芬妮跟他父親住的地方，帶她去森林練習打獵。現在多數歷史學家認為芬妮是達爾文的第一個女朋友。

最後，在接受長達八個月的拉丁文與希臘文課程的折磨之後，達爾文準備要去劍橋了。他在 1828 年 1 月抵達新學校，並且開始上課。

劍橋闖禍精

. . . .

打從達爾文第一天到劍橋，他就沒有想要認真學習成為神職人員。他發現劍橋裡頭有兩種學生：「讀書人」非常認真，從不翹課，成績很好；「闖禍精」是群胸無大志的人，家世不錯，把時間花在參加派對與發懶上面。不幸的是，達爾文跟闖禍精混在一起，晚上時間大多用來玩牌和喝醉酒。後來他寫道：「那三年待在劍橋的時間，根本是浪費光陰，就跟當初在愛丁堡大學與文法學校時期一樣，我完全不把課業放在心上。」事實上，他並不像他的朋友那麼懶惰；他希望自己的成績至少要達到平均水準。

隨著他對學校課業的興趣一點一滴減少，他對自然史的興趣開始增加。

1820 年代，一股收集甲蟲的狂潮席捲全英國。每個人彷彿突然變成了業餘的昆蟲學家。大家互相比賽，看誰能抓到最大、最好的死甲蟲、蝴蝶或是其他昆蟲。收集甲蟲的人甚至願意為了稀有甲蟲付出大筆金錢。

在劍橋，達爾文跟他的另外一個堂兄弟福斯變得很親近，他們也是同學。福斯深陷甲蟲狂熱之中，他邀請達爾文跟他一起收集甲蟲。正如你之前所看到的，達爾文很容易充滿狂熱投入某些事情，甚至因此忽略其他事情，就像之前他愛打獵那樣。在劍橋，這種狀況又再度發生了。不出幾個星期，

收集甲蟲的狂熱觸動了人們的想像力。這幅插畫就是表現出當時女性的髮型與服飾看來像是一隻甲蟲的想像。

他已經把一切拋到腦後，眼中只有甲蟲。他決心要收集到全國最大、最棒的稀有甲蟲。

　　他跟福斯可以花將近一整天的時間在「甲蟲」上，在老樹幹、石頭下或是任何地方尋找蟲子。有一天，在一片樹皮底下，他發現兩隻非常罕見的甲蟲，他左右手各抓一隻，但是他還來不及放到收集罐裡，又出現了一隻更罕見的甲蟲。為了不要讓第三隻甲蟲跑掉，他很快的把手上的兩隻甲蟲放到嘴裡，這樣他就能空出手來抓第三隻。沒想到他放進嘴裡的那兩隻竟然是危險的投彈甲蟲，噴灑出灼燙又有毒的液體到他舌頭上！他不得不把甲蟲吐出來，甲蟲因此跑了，連他正要抓的那隻也跑了。

　　達爾文翹掉所有必修課程，轉而去上他比較有興趣的選修課程。他最喜歡植物學的課程，教授這門課的老師韓斯洛相當受到學生歡迎。達爾文會跟著韓斯洛到劍橋附近的田野去研究動植物。雖然韓斯洛的年紀比較大，兩人還是變成比其他人更要好的朋友。韓斯洛教導達爾文如何用科學性的眼光來觀察事物。達爾文開始了解科學不是那些鎖在博物館裡的東西，而是在生活周遭、在身邊就能發現的東西。

達爾文早年的學校教育幾乎都聚焦在古典科目——研究古希臘羅馬的學問。就像當時多數學生一樣，他也被迫要學希臘文與拉丁文。雖然達爾文討厭學習古文，但是他對拉丁文的知識在日後研究演化上有相當大的幫助，因為林奈正是使用拉丁文來幫世界上每個物種命名。若不是對林奈分類系統有充分的認識，達爾文根本無法發展他的理論。

既然許多當代的文字都是起源於拉丁文，好好學拉丁文也是成為語言學專家的一個途徑！這次的活動會幫助你入門。

你需要——

◆ 一本包含介紹字源的字典

羅馬人建立了龐大帝國，範圍橫跨大部分的歐洲、中東，從西班牙延伸到亞美尼亞，從蘇格蘭到埃及。羅馬人所到之處，就把拉丁文帶到當地。拉丁文成為西方世界的主要語言超過五百年之久。

一些拉丁文字彙

amicus ＝朋友	*aqua* ＝水
bonus ＝好	*domus* ＝房子
equus ＝馬	*est* ＝是
et ＝和、以及	*facere* ＝去做
luna ＝月亮	*malus* ＝壞
manus ＝手	*mater* ＝母親
quod ＝因為	*sed* ＝但是
temus ＝時間	*ubi* ＝哪裡
video ＝我看見	

你已經知道的拉丁文字彙

有許多拉丁文的字彙和句子已經直接融入英語用法之中。以下是一些你之前可能聽過的語詞：

et cetera（通常會縮寫成「etc.」）
et ＝和、以及，*cetera* ＝其餘的

ad infinitum（意思是「持續到永遠」，或是「永遠不結束」）
ad ＝到，*infinitum* ＝永遠

e pluribus unum（美國的銘言，印在所有錢幣上）
e ＝從，*pluribus* ＝許多，*unum* ＝一（意思是從許多〔州〕變為一個〔國家〕，合眾為一）

拉丁文的發音

拉丁文字的發音就像你在紙上讀到的那樣。不像英文，拉丁文沒有不發音的字母。一些比較特殊的規則是：字母 c 一定是發硬音，聽起來有點像是 k（就像讀 can 那樣），以及 soft 也不是念清音 s（而是像念 ice）。拉丁文的母音通常（但不全都是）比較短，所以 a 聽起來像是 ball 的 a 發音；e 聽起來像是 red 的 e 發音；i 聽起來像是 sit 的 i 發音；o 聽起來像是 hot 的 o 發音；u 聽起來像是 put 的 u 發音。

一點拉丁文文法

多數的拉丁文字會因為字詞在句子裡的用法不同而出現不同的結尾。人們多半認為這是拉丁文最難的一部

分，因為字詞結尾變化非常複雜，規則又非常嚴格。形容詞需要搭配它形容的那個名詞，所以一個大球會寫成 globus magnus，但是一場大火卻寫成 flamma magna。注意到了嗎？形容詞結尾的 us 要跟著名詞的 us，a 要跟著 a。動詞也有不同的結尾與型態，就跟英文的 <u>be</u> 動詞會變成「I <u>am</u>」、「you <u>are</u>」、「he <u>is</u>」 以及「they <u>were</u>」一樣，都要搭配主詞與時態來改變。

林奈以拉丁文命名的動物名稱

達爾文知道所有動物植物的拉丁文分類名稱。你也知道一些，即便你原本並不知道這些詞就是拉丁文。

Homo sapiens（人類的正式名稱，智人）：

homo ＝人，*sapiens* ＝智慧、聰明

Tyrannosaurus rex（巨大肉食性恐龍，暴龍雷克斯）

tyranno- ＝暴君，*saurus* ＝蜥蜴，rex ＝王

Felis domesticus（貓——會當寵物養的那種，家貓）

felis ＝貓，*domesticus* ＝家養（養在家裡的意思）

從拉丁字變化而來的英文字

你有沒有發現一半以上的英文字都是根據拉丁文變化而來的？即便很普通的、你根本沒想到的字也是來自拉丁文，例如「nose」（來自「nasus」，鼻子）也是來自古拉丁文。知道英文字的根源是拉丁文，不僅能幫你更了解這個語言，還能幫助你搞清楚以往沒搞懂的那些字原來的意義。

例如，「Thermometer」就是來自「therm」（熱度），以及「meter」（測

智人

量），所以合起來就是某樣可以測量溫度的東西。如果你懂拉丁文，就可以明白這個字的含意，即便你以前根本沒聽過「thermometer」。試著在你的英文字典裡面找找底下這幾個字彙，看它們是從哪幾個拉丁文變化而來的（大多數的字典裡頭，字彙的起源都會用括弧標起來，而且會放在字彙解釋的前面）。

library	orbit
cry	animal
announce	captain

在開始找之前，你知道它們都是從拉丁文變化來的嗎？多數人，即便是受過教育的大人，也不一定都知道。不要只是找這幾個字喔，多花點時間在字典裡面找找其他字詞的起源——當作是尋寶，從中會發現每個字彙背後的祕密。

達爾文當時並不像現在人們印象中的那樣，是個頭禿禿、長白鬍子的老先生。在劍橋那段時期，大約二十二歲左右，達爾文身高超過一百八十公分，肌肉結實，精力充沛。很幸運的，他的長相比較像母親那邊威治伍家的人，相當英俊，雖然鼻子有點扁、額頭很大，但有一雙機靈的眼睛。他並沒有像父親跟祖父那樣變得很胖。他雖然熱愛戶外活動，儀表打扮卻很跟得上時尚，這包括維持濃密的鬢角與戴著高頂禮帽。

　　完成頭兩年的劍橋學業之後，他可以回家度假，並找芬妮消磨時間。但是耶誕節假期他並沒有回家，芬妮非常生氣又失望，兩人因而分手了。

　　到了快畢業的時候，達爾文讀了一本由冒險家洪堡寫的書，內容描述他遊歷加納利群島與南美洲的故事。洪堡的冒險經歷讓達爾文大受激勵，馬上興起跟隨洪堡腳步前往加納利群島的念頭。1831 年，當達爾文終於從劍橋畢業，他滿腦子想的都是前往熱帶地區的旅程。四月他寫信給福斯，在信中寫道：「我說的、想的、夢的都是前往加納利群島的計畫。我一直期盼能看到熱帶地區的景色與植物。」一週後，他寫了另一封信給姊姊卡洛琳：「早上我去溫室觀察棕櫚樹，然後回家繼續讀洪堡的書。心中那股激動強烈到讓我幾乎坐不住了。」而在愛丁堡結識的標本製作人艾德蒙史東，他講述的南美洲旅行故事也讓達爾文渴望能投身探險行列。

　　雖然達爾文對怎麼去根本沒概念，他還是開始規畫旅程並仔細研究西班牙加納利群島。同年八月，他決定跟隨劍橋教授塞奇威克展開另一趟田野調查之旅。塞奇威克是地質學的專家。但是自從達爾文在愛丁堡上過很無聊的講座之後，一直就很不喜歡地質學。然而為了前往加納利群島，他希望自己

可以成為頂尖的地質學家。塞奇威克花了三個星期的時間細細觀察北威爾斯的地質，並訓練達爾文如何當個稱職的科學家。但是達爾文一年之中最愛的時期——狩獵季節——即將於九月展開，所以八月底達爾文向跟塞奇威克道別，回到距離北威爾斯不遠的家鄉士魯斯柏立。1831 年 8 月 29 日，達爾文回到家中，意外發現有一封信在等著他。當他坐下來拆開信封時，壓根沒想過這封信會徹底改變他的人生，連整個科學史也將跟著天翻地覆。

測量阿根廷
海岸線期間，
小獵犬號因為船
體損傷必須拖到岸上
修補。這張圖是根據費茲
羅船長的描述所繪製。

Chapter 3

航向遠方

事實上，寄給達爾文的信件裡頭包含了兩封信：一封來自韓斯洛，另一封則是來自另一位劍橋教授皮考克。兩封信的內容講的其實是同一件事情：英國政府想請皮考克教授推薦一位博物學家，跟隨即將展開環球航行的英國皇家海軍艦艇小獵犬號出航。在不知道該推薦誰的情況下，皮考克請韓斯洛給點意見，韓斯洛推薦了他最欣賞的學生達爾文。這趟旅程預計要花費兩年時間，這段期間，達爾文在船靠岸時要登陸去收集許多自然標本。第一個停靠站就是——加納利群島！

你可以想像達爾文的反應，簡直就是美夢成真。他興奮的衝到父親面前，把信拿給他看，還說他最想做的就是去參加這趟旅程。羅伯特醫師讀了信之後，卻是一臉不開心。他才剛剛繳了五年學費，那可是一大筆錢，要送這個兒子去學校接受教育，訓練他日後成為醫師或牧師。現在達爾文竟然要把這一切都拋下，去參加一趟為期兩年的海上快樂之旅？「不行。」羅伯特醫

師說。「不准你去。你以後要去教會工作，去鄉村教區當牧師，住在教區牧師宅邸，長大成為一個受人尊敬的紳士。別再想這些亂七八糟的餿主意。」

達爾文十分挫敗，但是他真的需要父親的允許與支持，因為旅途中要花不少的錢，而他自己根本沒有半毛存款。因此，就在當天傍晚，心情沉重的達爾文坐下來寫了一封信，告訴韓斯洛他很遺憾無法接受這項邀請。寫完後他立刻就把信寄出去了。

第二天早上，達爾文覺得自己慘斃了，整個人失魂落魄。他騎馬前往約三十二公里遠的威治伍家，跟舅舅和表兄弟姊妹一起去獵鷓鴣。一到那裡，他就告訴約書亞舅舅自己最近發生的事。突然間，達爾文想起父親曾氣沖沖的說：「要是找得到任何一個頭腦正常的人贊成你參加這趟旅程，我就同意你去。」而羅伯特醫師最尊敬的人就是舅子約書亞。也許舅舅一起去說情，就有機會改變父親的想法。達爾文如此盤算著。

約書亞舅舅要達爾文先把所有父親反對這趟旅程的理由都寫下來。以下就是達爾文實際列出來的：

1. 對日後要擔任神職人員的我來說，這趟航行會影響名聲。
2. 這個計畫太瘋狂。
3. 隨船博物學家的職務，在找上我之前一定已經問了不少人。
4. 既然其他人都沒接受，一定是這艘船或這趟航行有什麼大問題。
5. 以後我一定因此變得無法適應穩定的生活。
6. 我住的地方會非常糟糕。

7. 爸爸認為我的職業選擇老是換來換去。

8. 這趟旅程對我日後發展毫無助益。

約書亞看過這些反對理由之後，一一寫下回覆，試著說服羅伯特醫師他的想法是錯的。他們把這份單子送回「山嶺」。達爾文希望父親能夠改變心意。

第二天，他開始擔心了：萬一那份單子沒有用呢？他們應該當面去說服父親才對。於是他跟約書亞舅舅立刻跳上馬車，趕回士魯斯柏立。他們一抵達，羅伯特醫師就告訴他們他回信了，他被說服了！約書亞肯定是個「腦袋清晰」的人，他的每一項反駁都切中要害。總之，羅伯特醫師答應讓達爾文去了。

達爾文的舅舅約書亞。

慌亂的行前準備

達爾文開心得要飛上天了。一個月後船就要啟程，他還有好多事情沒準備。這時他才想起來自己之前寫信拒絕了這項邀請！慌亂之中，達爾文趕忙去劍橋找韓斯洛，要告訴他自己已經改變心意了。幸好當達爾文趕到時，韓斯洛說還來得及，這份工作還沒有交給別人。不過，達爾文得先去見小獵犬號的船長費茲羅。

韓斯洛解釋，在這趟航行中，達爾文的另一個任務是跟船長作伴。其實船上已經有個官方指派的博物學家——也就是隨船醫師——但如果達爾文願

意，他也算是隨船博物學家。當時，英國海軍關於禮節的規範相當嚴格，船長跟船員不能有什麼社交往來。費茲羅船長來自貴族家庭，他認為跟船員一同用餐是不合禮儀的，那些船員都是來自於中產或是更低的階級。船長很擔心自己在這兩年旅途中會十分寂寞孤立，所以他想找一個可以一起吃飯、談話，並成為朋友的同伴。達爾文去見船長，取得他的認可，是極其重要的。韓斯洛還警告達爾文，費茲羅船長的政治觀念非常保守，他不但支持奴隸制度，還認為貴族階級天生就是比較優越的人，所以達爾文應該要隱瞞自己的真實感受和自由的政治觀點。

達爾文與費茲羅在倫敦見面時，他們發現儘管兩人有許多差異，相處起來卻很愉快。費茲羅已經當了三年船長，他才不過二十六歲，大達爾文四歲。他們倆都對科學很有興趣。幾天後，達爾文收到政府送來的正式通知，表示他可以參與這趟旅程。

時間所剩不多，達爾文趕忙衝到倫敦，為了這趟旅程添購各樣科學研究工作所需要的器材：望遠鏡、保存樣本的化學材料、測量工具，甚至是手槍。費茲羅說，碰上強盜或食人族，達爾文會需要手槍來自保！達爾文這輩子從來沒有這麼興奮過。

政府派遣小獵犬號前往南美洲調查當地海岸，並且進行世界經度的測量，好讓英國海軍的航海圖能夠更為精確。早在幾年前小獵犬號就開始從事這項重大任務，只是至今尚未完成。前幾次的旅程造成船體有些損傷，目前船是停在普利茅斯進行修補工作。兩百年前，新教徒也是從這座港口出發，前往北美洲。

1831 年 9 月中旬，達爾文陪同費茲羅前去驗收船艦，但得到的是超乎想像的噩耗。首先，船艦修補完工還要很久，啟航日期至少要延後一個月；其次，航行期間要延長為三年，而不是之前說的兩年。最糟的是，達爾文到現在才知道船有多小。這麼小的一艘船怎麼可能載著七十四個大男人環遊世界？達爾文跟所有船員一樣，只分到一個小小的地方睡覺。事實上，

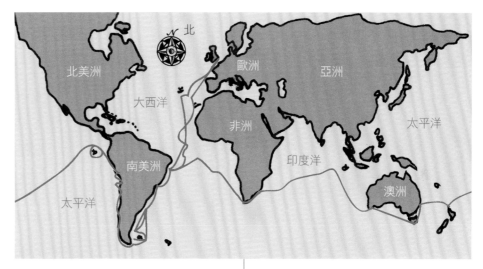

小獵犬號環遊世界的路線。

那還不是他單獨一個人的房間，他要跟另一個人睡在海圖室，而且睡的是令人不怎麼安心的吊床。他只有一處小角落可用，那裡還要塞滿他的各樣器具，而且航行期間，任何人都可能為了公務隨意進出他的房間，簡直是毫無隱私可言。當他聽到有人戲稱這艘船是一座「漂浮的小棺材」，加上天氣即將轉壞，他變得更加緊張了。到頭來，達爾文覺得羅伯特醫師當初反對他上船的諸多理由，都變得十分有道理！不過現在已經沒有回頭路了。

更壞的消息來了。持續不斷的惡劣天氣一再耽誤啟程時間。事實上他們已經出航兩次了，但又被迫返回，此時風的方向根本不對。這時已經接近 12 月底，船還受困在港口。達爾文後來寫道：「在普利茅斯的這兩個月，是我最悲慘的日子。」也就在這個時候，困擾達爾文一輩子的精神問題出現了——慮病症，這是一種極度害怕焦慮自己會死於絕症的疾病。關於這段焦慮的等待

時光，達爾文描述道：「因為要與親友分離很長一段時間而悶悶不樂，連天氣都變得更加陰鬱。我深受心悸與胸口疼痛所苦。就跟其他無知年輕人一樣（尤其是對醫學不太了解的那種），我深信自己有心臟方面的疾病。」

耶誕節的時候，整隊船員醉得亂七八糟。第二天一早，12 月 26 日，是好幾週以來難得的晴朗好天氣。但船艦還是不能啟程，因為整船的人不是在呼呼大睡就是嚴重宿醉。費茲羅船長氣炸了，他公開懲罰痛打好幾名船員，剩下的全用鎖鏈銬起來。這件事讓達爾文非常難受，他開始懷疑自己到底能不能跟費茲羅船長好好相處。

終於在 1831 年 12 月 27 日這一天，船員們漸漸恢復精神了，天氣晴朗，船可以準備出航了。那天早上，小獵犬號載著達爾文、費茲羅船長以及七十二名船員，終於駛離了港口，展開一趟長途旅行，時間長達將近五年之久。

旅程開始

在前幾次試著離港啟程、船才開到海上沒多久之時，達爾文就發現自己有點暈船。但他知道自己為何加入這趟旅程，所以就在最後一次啟程之前沒多久，他寫下這段話：「我可以預見自己會暈船暈到極度沮喪難受。」當小獵犬號往南進入浪濤洶湧的水域，船身不分日夜的高低起伏，達爾文馬上非常嚴重的暈船，幾乎吐了一個星期沒停。他吃不下、睡不好，甚至連站都站不穩。他開始覺得自己犯了嚴重的錯誤。

1月6日，小獵犬號抵達加納利群島的主要島嶼特內里費島，達爾文終於能勉強走出他的小艙房。好不容易啊！夢想就要成真了。暈船的折磨似乎是值得的。

　　但是達爾文的開心只持續了差不多一個半小時。西班牙當局給小獵犬號捎來訊息，凡是英國來的船都不准人員登陸。因為聽說英國有霍亂橫行，西班牙官方不希望英國水手把疾病帶到加納利群島上。他們要求小獵犬號在岸邊等候，進行為期至少十二天的檢疫隔離。

　　費茲羅氣瘋了。他下令繼續前進，不停靠加納利群島了。你可以想像隨著小獵犬號漸漸遠離加納利群島，達爾文心裡有多失望。他一開始會想要參與這趟旅程，就是希望能來看看這片群島，如今唯一能靠岸的機會就這麼沒了。

　　小獵犬號繼續朝南航行一陣子之後，進入綠角群島停留。這個島跟加納利群島一樣，位於非洲外海。達爾文終於可以上岸了。他後來寫道：

　　在這裡我第一次看到熱帶植物生長的盛況。羅望子、香蕉以及棕櫚在我腳邊繁茂蔓延。我回到岸邊，踩在火山岩上，聽著不知名的鳥兒啼叫，看著新奇的昆蟲振翅停駐在奇異的花叢間。對我而言，這簡直是光燦輝煌的一天，就像瞎子重見光明了。

　　他還注意到整座島上的岩石層在大約超過海平面14公尺高的位置，橫著一道白色帶狀線條。再進一步檢視，他發現白色帶狀區域裡竟然有貝殼化石，而在那之上與之下的岩石層則是堅硬的火山岩。這讓達爾文開始思考：

這些貝殼是怎麼來到離海這麼遠的海面上呢？在啟程之前，費茲羅船長給他一本才剛出版的新書——《地質學原理》，作者是知名地質學家萊爾。在這本如今被認為是 19 世紀最重要的書裡，萊爾率先提出地球的年紀已經有好幾百萬歲了，而且在緩慢變化的地質轉變過程之下，最終才出現我們如今所看到的地理景觀。（在第 4 章還會有更多關於萊爾的介紹。）達爾文在看到那些白色岩層之前，已經先讀過《地質學原理》了。所以他的腦中有一些奇特的想法慢慢成形，說不定萊爾的說法是對的。達爾文的推論是，很顯然那些貝殼起先是生活在海底，熱滾滾的岩漿噴發覆蓋到它們身上，把它們燙白了。接著，經過了很長的時間，那些火山再度噴射出岩漿，導致海底慢慢升高，最後高過了海平面，形成了島嶼。在萊爾之前，大多數的人都認為地球是不會改變的，形狀始終維持一個樣子，就跟現在看到的一樣。但是看著眼前白色帶狀岩層，達爾文認為那種說法根本講不通。當時還有另外一個理論，災變說——地球的確有過一番非常猛烈快速的變動，大約發生在六千年前，以和《聖經》上的紀錄相符。這也說不通，因為條狀岩層上下延展的狀況相當和緩，看不出當時有過非常劇烈的地質變動。

達爾文沒有在綠角群島停留太久，但是這地方讓他初次見識到熱帶景觀的盛況，並且讓他開始在腦中構思新的科學理論。接著，小獵犬號越過大西洋，直朝向巴西前進，沿途只靠獵捕鯊魚維生。這段旅途可說是風平浪靜，雖然達爾文不時還會有點暈船，但已經不像頭幾週那麼糟糕了。當小獵犬號通過赤道時，達爾文與其他以前沒通過赤道的人，都必須接受水手過赤道的傳統儀式——把眼睛蒙住，渾身塗滿瀝青與油彩，浸入水中。費茲羅船長盛

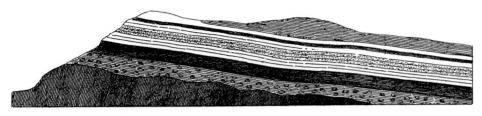

達爾文看見的白色條狀岩層跟這張圖描繪的岩層很類似。

裝打扮成海神的樣子主持這個儀式，但是儀式一結束，現場就演變成幼稚的打水仗遊戲，每個人都弄得一身溼。

抵達南美洲

1832 年 2 月 28 日，他們終於抵達了巴西的巴伊亞（現在的薩爾瓦多）。達爾文簡直不敢相信自己的眼睛。巴西叢林在他眼前往四處鋪展蔓延開來，這簡直是博物學家的天堂。抵達巴西海岸的第一天，他寫道：

這些時刻所體驗到的愉悅歡喜，是會讓人意亂神迷的。眼睛想追上豔麗的蝴蝶，卻又忍不住受怪異的樹木果實吸引；正想細細觀察昆蟲，卻又因為看著牠爬過的詭奇花朵而忘記剛剛要做什麼……用愉快這個詞來形容一個博物學家首度親身漫步在巴西叢林的感受，實在太不夠力了。

小獵犬號船員在靠近大西洋中間的小島聖保羅岩附近獵捕鯊魚。

達爾文立刻重拾他最愛的一項嗜好——收集甲蟲。他抓了好多昆蟲、小鳥、蜥蜴帶回船上。最讓他開心的是，如今他的工作就是當個收集者。父親總認為他愛好自然的這項興趣是在浪費時間，只是他找到一份正經工作之前打發時間的活動。但是身處在南美洲，當一個博物學家就是他的職業。他再也不用對自己愛好大自然這件事感到愧疚了。在巴西叢林裡，他找到了這一輩子想要全心投入的事物。

達爾文很幸運，他是在巴西嘉年華期間來到這裡。早在 1830 年代以及更早的時期，巴西全國最大的慶典活動就是嘉年華，每天晚上都有遊行、派對。不過達爾文不怎麼想去參加慶典。他看到的是以前從沒注意過，如今卻讓他非常生氣的一件事：奴隸制度。黑奴遠從非洲被帶到這邊，在巴伊亞的船上工作，他們遭到虐待，也沒有工資。看見奴隸們受苦，讓達爾文感覺很不舒服。

回到船上之後，達爾文告訴費茲羅船長自己有多痛恨奴隸制度，還說希望所有奴隸都能夠獲得自由。費茲羅的意見跟他不同，他告訴達爾文，這些來自非洲的黑人到了南美洲之後，生活過得比較好。費茲羅說，他曾經去過一座大農場，那裡的主人把農場裡所有的奴隸找來，問他們想不想獲得自由。他們都回答「不要」，他們說當奴隸比較快樂。費茲羅認為這個故事支持了他的論點，但是達爾文的反駁是，你覺得在主人面前奴隸能說什麼？如果他們說想要自由，很可能會遭到一頓痛打或是被套上枷鎖。

小獵犬號的船員之前曾警告過達爾文要小心費茲羅的脾氣。這位船長有個綽號叫「熱咖啡」，因為他總是很容易爆發。但是直到這一刻，達爾文才

尋找植物寶藏

當達爾文抵達南美洲，他發現那裡的植物與食物全都是他這輩子從來沒有看過、沒有吃過的。如今，你家附近很容易就能看到來自世界各國的奇特水果蔬菜，用不著大老遠跑到世界各地才能見識那些新奇食物！

你需要──
◆ 一本筆記簿與一枝鉛筆
◆ 找一個大人陪著你

出發到家附近的超市搜尋植物寶藏吧，目標是新鮮水果與蔬菜區。蘋果洋蔥先跳過，找找那些你以前沒有吃過的蔬菜。店裡有沒有芭樂、大蕉、芝麻葉或是防風草？寫下這些新奇水果蔬菜的名字，然後在名字底下仔細描述它們的外觀。

什麼顏色？什麼形狀？聞起來是什麼味道？是軟的還是硬的？詢問店員這些蔬菜水果是在哪裡生長的？如果有時間，試著把每一種都畫下來。

不過並不是所有超市都有新奇的食物。請大人帶你去那種販賣異國產品，或是會有來自跟你家很不一樣的文化區域的食物的賣場。美國有很多來自世界各地不同種族組成的社區。依照你所住的地方不同，你可能會發現附近市場賣的食物是來自墨西哥、中國、俄國、牙買加、哥倫比亞、越南、中東、瓜地馬拉、印度、衣索匹亞、泰國，以及許多其他的地方。去探險吧！看看你能在一家店裡找到多少種讓人驚奇的特殊水果蔬菜，然後把它們一一記錄下來。請父母買幾樣你最

感興趣的，這樣你就可以吃吃看它們是什麼味道。

查查看這些植物是從什麼地方來的、要怎麼料理？然後，整理你收集的資料幫每一種水果蔬菜寫下單頁紀錄表，可能的話，也把它們的外觀畫上去。按照注音順序排列這些紀錄表，然後把它們釘成一本你的植物寶藏書。

達爾文所看到的巴西叢林。

真正體會到他的脾氣有多壞。費茲羅大發雷霆，從來沒有人可以這樣跟船長爭論！他把達爾文趕下餐桌，命令達爾文以後再也不准跟他說話。他甚至還說，或許現在是達爾文打包回家的時候了。

有幾個小時的時間，達爾文認為自己的冒險之旅到此為止了。幸運的是，費茲羅很快就冷靜下來了，他收回自己說的話，還要達爾文忘了這場爭執。但是達爾文學到教訓了：以後絕對不要再跟費茲羅討論奴隸制度或是政治。從那天開始，達爾文非常注意自己的言詞。即使多年以後，達爾文已經成為一個世界知名的科學家，他依舊謹慎小心避免在公眾面前講出會引起爭議的話。

在巴伊亞短暫停留之後，小獵犬號繼續前進，朝巴西海岸大城里約熱內盧而去。

在里約，第一批送給小獵犬號的郵件到了（是英國快船送來的）。達爾文的姊妹在寫給他的信裡提到他的前女友芬妮跟別人結婚了！這個消息讓達爾文很難過。他原本期盼著回去與芬妮相聚的夢想破滅了。從那天之後，他只要為科學而活。

當他們抵達里約，達爾文受當地地主之邀，前往參觀他位在巴西內地的農莊。達爾文接受邀請，但是經過連續七天馬不停蹄的橫越荒野的路程，他徹底後悔了。一抵達農莊，達爾文立刻發現這裡實際上是一大片開墾地，有許多奴隸在這裡工作。地主一到就跟一個受僱來管理農場的人起爭執，他還威脅要把女奴賣給其他的農場。這麼做就會拆散那些奴隸家庭，達爾文覺得實在是太殘忍了。所以當達爾文回到里約，他對巴西這些來自歐洲的奴隸主

厭惡極了。不用說，他當然不會跟費茲羅提起這段經歷。他比以往更加認同祖父與父親反對奴隸制度的想法。

　　由於小獵犬號需要回到巴伊亞進行更多科學測量，所以達爾文就先留在里約。過一陣子，小獵犬號再回來接他。在隨船畫家的陪伴下，達爾文租下離里約不遠的濱海小屋，搬進去住。在這裡，身為博物學家的他更加認真投入工作了。

　　兩個月的時間，達爾文天天騎馬深入雨林收集標本。單單一天收集到的甲蟲樣本，就超過他一整年在英國找到的量。達爾文還對蜘蛛產生研究的熱情；當地有很多種新奇的熱帶蜘蛛，就算花上好幾年可能還無法一一看遍。他還是會獵鳥，就像他在家鄉狩獵時節會做的那樣，但如今不光是為了好玩，而是為了科學研究。在愛丁堡學到的剝製標本技巧，讓他能好好把鳥類標本保存起來。他寫信給在劍橋的韓斯洛，描述他的種種發現。達爾文收集的標本數量迅速暴增。他聘請一位年輕的巴西人，協助他收集更多的標本。

　　到了 1832 年 6 月底，小獵犬號終於回來接他了。一回到船上，他就聽到有三名船員（其中一人還是他在船上交到的第一個朋友）死於瘧疾的消息。

達爾文拜訪的巴西開墾農莊就像上圖這樣。

年輕的巴西人帶來許多達爾文自己沒法找到的珍貴標本。

更糟糕的是,那位官方指派的隨船醫師、博物學家辭職了(他嫉妒達爾文那麼會收集標本),搭上另外一艘船回英國去了。就這樣達爾文成了小獵犬號正式的隨船博物學家。如今收集標本已不再只是他的嗜好興趣,而是他宣誓要盡力完成的職務。

南方歷險記

而後,小獵犬號持續往南,朝拉普拉塔河前進,這條河介於阿根廷的布宜諾斯艾利斯與烏拉圭的蒙特維多之間。這裡的氣候與地景大大的改變了。叢林和雨林不見了,取代的是草地與乾涸平原,這裡一到冬天就變得十分寒冷。旅程進入了新的階段。

接下來的兩年,小獵犬號沿著阿根廷海岸曲折往返繞行。先下到火地島,再往上到布宜諾斯艾利斯;接著繞行福克蘭島,然後再重回南美大陸,一次又一次。費茲羅的任務是要從各個方向精確測量這片區域,以便讓英國政府盡可能製作出最精準的地圖。這位船長可不願讓他的國家失望。為了要再三確認測量出來的結果,他甚至不惜在寒冷冰封的月份中出海航行。

小獵犬號回溯航行之際,達爾文有很長一段時間留在岸上四處探險,等船開回來的時候再上船。因為這個緣故,我們就不按照 1832 年至 1833 年之

小獵犬號上的船員雖然很多都只是青少年，但他們也是專業水手。直到 20 世紀，船隻主要還是靠繩索控制。每個水手都得學會打十幾種不同的繩結，以便捲起或鬆開船帆、控制船纜、綁緊船隻。一個結打錯，很可能會釀成災難——萬一船帆在暴風中鬆開來，或是裝了貨物的箱子砸到甲板，那可就慘了。某些航海用的繩結非常複雜，但是有三種基本繩結是每個小獵犬號上的水手都很擅長打的。

你需要——

◆ 一段繩索或是細繩

用你準備的繩子，練習打以下這幾個繩結：

8 字結

這種繩結可以避免繩子尾端從孔裡滑出或是穿過小洞滑脫。

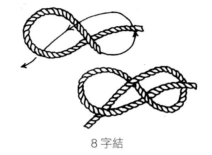

8 字結

單套結

單套結可以承受很強的拉力。這種繩結在航程中很常使用，功能也很多，好比為了吊起重物，或是為了讓船固定繫在碼頭。

單套結

縮短結

縮短結很特別，是專門用來縮短繩索的打結法。兩頭拉緊的時候，打結處只會在原處收緊。想解開的話，就只要弄鬆繩索，縮短結就解開了。

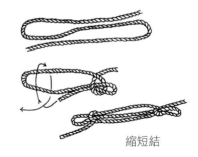

縮短結

達爾文發現的其中一個化石，其重新組合的樣子。

間，小獵犬號每一天的行進路線來記錄，而是鎖定一些特別重要的事件，按照達爾文經歷的過程來介紹。

化石獵人

正當小獵犬號審視阿根廷海岸線，沿著海岸輪廓航行，探測海灣深度（測量水有多深）之際，達爾文也有了重大的發現。有一天，正當達爾文搭乘小船探索旁塔阿爾塔這片區域時，他發現像是化石的東西埋在懸崖峭壁裡頭。他靠岸登陸後，發現那裡不只有一個化石，而是上上下下有十幾個化石散布在懸崖中。他將一些挖掘出來，發現那些巨大化石有的甚至跟大象的骨頭一樣大。他帶著這些化石回到船上，之後又回到這個區域好幾次，挖出更多的骨骸。達爾文確定這些骨頭不是從如今還存活在南美洲的動物而來。他認為這些骨頭是屬於已經絕種的物種，只是他還不能確定到底是什麼物種，因為他當時對於古生物學還不怎麼專精。費茲羅以及船員有點受不了達爾文拿回來的「垃圾」把小獵犬號堆得到處都是，但現在達爾文是正式的隨船博物學家，他們也拿他沒辦法，但私下給他取了個綽號，「捕蠅器」。

達爾文自己則是開心得不得了。在一封家書中他寫道：「我在找化石的事情上真是運氣超好。這裡頭有些動物肯定非常龐大。」他把這些化石打包好，以便運回去給韓斯洛。因為那個年代常發生沉船、貨物遭竊等情形，他完全沒把握一年多以後，他的包裹能不能平安抵達英國。他也暗暗擔心韓斯

洛會嘲笑他不成熟。他那時根本不知道運回去的東西在歐洲科學界掀起了怎樣的風浪。

其中一具骸骨化石是屬於已經絕種的大地獺（megatherium）；另外一具則是如今已經絕種的犰狳。那隻犰狳大概有犀牛這麼大；還有一具是某種囓齒動物（像是家鼠或是大老鼠），可是體型卻跟大象差不多！這些發現讓達爾文開始思考，物種是怎麼隨著時間而產生了改變。現代南美洲的樹獺與犰狳的祖先跟這些巨型古生物是否有什麼關聯？當時大多數的科學家都相信，各樣物種彼此之間毫不相干；已經絕種的動物就只是突然死光光，然後上帝或是自然力量又造出新的動物取而代之。但是對達爾文來說，比較合理的解釋是，古老的、巨大的動物是慢慢變得愈來愈小，而且是一點一滴產生改變，持續變化到跟如今的動物很接近為止。他琢磨了一下這個想法，但是還有太多事情要做，所以他決定等回家之後再徹底研究。

堅定果決的標本收集者

雖然小獵犬號花了兩年時間在南美洲東海岸航行（遠超過原本預定的時間），但是達爾文待在船上的時間卻不到八個月。費茲羅常常會把他留下，然後再回來接他。這讓達爾文可以進行更多的探勘，又可以避免暈船！過了一陣子之後，達爾文發現他的短程探險之旅需要找幫手。於是他雇用船上的小提琴手，一個名叫科文頓的少年，來擔任他的科學助手。他教科文頓如何

巨型地獺，後方是南美洲的巨型犰狳。這兩種動物都已經絕種，但是達爾文發現的化石讓科學家能夠重新組合牠們的樣貌。

射擊，如何製作鳥類標本，以及如何把標本收入瓶子裡。這麼一來，達爾文效率幾乎加倍成長了。慘的是，裝著昆蟲、塞了動物毛皮、放著化石的罐子盒子，放著魚類鳥類標本的桶子，以及一箱箱的石頭與礦物，讓小獵犬號快要爆炸了。只要一有機會，達爾文就趕快把這些收集到的東西寄回英國，但是船上的貯藏空間很快又會被塞滿了。

他常常會去彭巴草原，那是位在阿根廷南部的遼闊草原。南美洲的牛仔，高卓人，他們會跟達爾文一起騎馬，教導他在這片土地上生活的一些祕訣。他會跟一臉大鬍子的土匪一起獵捕鶆ㄌㄞˊ奧鳥（南美洲的鴕鳥）、在營火旁吃飯，一起唱西班牙歌曲。達爾文甚至發現一種新品種的鶆奧鳥，後來還以他的名字命名。昔日那個驕縱的英國男孩已經變成老練的探險家了。

達爾文的冒險或許看來十分自由自在，但實際上南美洲的政治卻相當動盪不安。達爾文不只一次意外碰上了武裝行動：軍閥、士兵、強盜以及印第安人，大打出手、舞刀動槍。在某次衝突中，他跟助手科文頓還在槍林彈雨中，搶搭上最後一班逃出布宜諾斯艾利斯的船。

經過一年的等待，達爾文終於收到韓斯洛的回信。大消息！這封回信不僅是要通知達爾文所有寄回去的東西都收到了，還告訴他這些東西已經一一展示給英國頂尖科學家看。他們都被那些化石驚呆了。韓斯洛把達爾文的信當成正式的研究報告，給頂尖科學社團的人看。每一個人都在談你，韓斯洛這麼寫道。等你回來，就會成為全英國最受尊敬的科學家之一！

達爾文開心極了。突然間，那些暈船、岸上短程旅途的疲累、經歷的危險，以及漫長無聊的等候，全都值得了。就算之前他考慮過要放棄，如今也

達爾文發現這種珍貴罕見的鶆奧鳥，後以他的名字來命名。

把那些念頭永遠拋到九霄雲外了。從今以後，他就是一個科學家了。

位在南美洲大陸最南端的火地島。

文明的野蠻人

· · · · · · · · · · · · · ·

小獵犬號還有一個任務跟勘測海岸線或是進行科學測量完全無關，那就是要負責宣揚歐洲文明。1830 年，費茲羅船長的前一趟旅途，曾到過南美大陸最南端的火地島（在達爾文參與之前），他和當地的印安人，也就是原住民火地島人，發生了衝突。幾名火地島人偷了費茲羅的一艘小船，所以他抓了幾個原住民當人質，希望能把小船換回來。這個計畫沒有成功，大部分的俘虜都逃跑了，但是有一個小女孩想要留在小獵犬號上。船員幫她取名為菲吉亞。由於受到上帝偉大救贖計畫的啟發，費茲羅深信自己有責任要把歐洲式文明帶到世界的另一端。於是他再多帶了三個火地島人上船，也不告訴他們要遠航，最終把他們都帶回了英國。

他打算「教化」這四個綁架來的火地島人，然後再把他們送回去，讓他們去教化自己的族人。其中一名火地島人抵達英國不久之後，就死於天花，剩下的三人——九歲的貝斯凱特、十六歲左右的吉米、二十多歲的約克——都活了下來，並且變得挺強壯的。他們學習英語，學習如何穿衣服（火地島人

通常都是赤身裸體），還接受基督教洗禮成為教徒，並且學習許多英國社會的禮節。傳道會的目標是把全世界的人都變成基督徒，他們一聽說費茲羅的計畫，感到相當興奮，成員捐贈了一箱昂貴的上流階級家用物品——酒杯、茶盤、湯碗、桌巾以及很多這一類的東西，希望藉此幫助火地島人活得像英國人這麼文明進步。

所以，三名火地島人跟著馬修斯這名年輕的傳教士一起搭上小獵犬號，展開返鄉之旅。1833 年 1 月 23 日，小獵犬號終於再度回到貝斯凱特的家鄉島嶼，船停泊在烏麗亞灣，這是一處很安全的港灣。這三名火地島人穿著一身英國正式服裝：硬挺的襯衫、高領子、閃亮亮的鞋子，在離家三年之後，重新踏上火地島。跑來與他們相會的當地人，很驚訝的看著小獵犬號船員花了好幾天功夫建造小屋、鋪設花園，以供傳教士與他三名追隨者日後居住使用。馬修斯有點緊張，因為他這時才聽說火地島人並不怎麼友善。雖然不知道往後會有什麼事發生，馬修斯還是揮手送別小獵犬號，看著大家為了繼續測量海岸而離開。

九天之後，小獵犬號又繞回來了，想看看這個任務進行得如何。達爾文被他們所見的情況嚇到了。小獵犬號才一離開視線，火地島人就攻擊小屋，想要偷走裡面所有的物品。馬修斯努力抵擋他們好幾天，最終還是撐不下去。小獵犬號回來的時候，發現酒杯與其他昂貴的器皿全都不見了，小屋被摧毀，絕望又飢餓的馬修斯懇求大家帶他回船上。才僅僅過了九天，整個傳教的計畫就毀了。費茲羅照例對火地島人氣到不行，他現在認定這些傢伙注定要當野蠻人，不可能變文明了。他下令小獵犬號離開火地島，留下菲吉

亞、吉米與約克在那兒過活。他們繼續航行，繼續進行測量任務。

　　一年後，小獵犬號終於完成南美洲東岸測量工作，再度經過火地島，準備往智利前進。費茲羅決定停船，看看火地島人過得如何。令達爾文驚訝的是，之前那些試著讓那三名火地島人變得文明一點的努力，完全蕩然無存。吉米划著獨木舟來到小獵犬號旁，他完全赤裸，渾身塗滿泥巴，一頭長髮沒有梳理。他跟一名年輕女孩一起來，女孩才剛懷了他的孩子。他告訴英國人，約克跟菲吉亞偷了他的衣服和剩下的物品。約克跟菲吉亞後來「結婚了」，並且搬到另外一座小島。那時菲吉亞才十二、三歲，卻很可能已經生下她的第一個寶寶了。只有吉米還記得一點英文，其他兩人幾乎是立刻就用回他們原來的語言。費茲羅的實驗，看起來是徹徹底底失敗了。

進入太平洋

　　1834 年 6 月 10 日，小獵犬號終於進入太平洋，船員們都開心得不了。好不容易啊！他們花了兩年時間來回航行在大西洋那一側的海岸。現在終於轉往太平洋，沿著智利海岸航行，接著抵達了龐大先進的大城市瓦爾帕來索，富有的歐洲移民把這裡打造成南美洲的巴黎。小獵犬號在這座港口停留了一段時間，因此達爾文可以住到幼時同伴柯菲爾德的家中，他是從士魯斯柏立搬來瓦爾帕來索的。兩個好友能夠隔這麼久、在世界的另外一端相聚，真的很奇妙。

三名火地島人的肖像。

上排：菲吉亞被帶到英國時期與回到火地島之後的樣子。

中排：吉米起初在火地島的樣子與後來穿得像英國紳士的樣子。

下排：穿著歐洲服飾的約克的正面與側面。

8月，達爾文離開了柯菲爾德的家，進行一趟長途旅行，好好研究安地斯山脈的地質，這片壯闊山脈沿著南美洲西岸一路延伸開來。然而超過一個月的時間，他只是在安地斯山山腳下遊蕩，白天敲鑿石塊，晚上就住在有錢地主的大莊園裡。他在超過海平面幾千英呎的位置發現貝殼化石，這個發現更進一步證明了萊爾的理論：山脈會因為緩慢且持續的地表運動而慢慢從海中升起。

達爾文也被智利另一種「美麗的大自然」深深吸引。他不斷在日記中提到這個國家的「美眉」多有魅力。他在旅途中遇到的這些西班牙淑女，個個裝扮俏麗、年輕又可愛。

不過他沒有時間談戀愛。9月的時候，他因為喝下發酸的酒而生了重病，情況嚴重到不得不把他送回柯菲爾德家。可憐的達爾文因為折磨人的胃部問題在床上整整躺了一個月。歷史學家推測後來糾纏他一輩子的胃痛問題，可能就跟這次生病有關。

小獵犬號穿過火地島旁的麥哲倫海峽。

達爾文並不是唯一一個在那個 9 月生病的人。費茲羅船長也崩潰了，但他的問題並不在胃，而是精神崩潰。航程初期，費茲羅買下一些小型雙桅帆船，以協助小獵犬號的測量工作。但是他沒有事先徵求英國海軍部的同意，這個單位是英國政府專門負責管理航海事務的部門。他是先用自己的錢買那些船，希望政府日後可以付給他這些錢。在瓦爾帕來索，他終於等到官方的回信：海軍部拒絕支付雙桅帆船的費用，還指責他違反了上級的命令。費茲羅的情緒向來不太穩定，常處在爆發邊緣，這次他是真的崩潰了。那些人竟然膽敢這樣批評他！更慘的是，他徹底破產了，現在不得不賣掉那些雙桅帆船。費茲羅氣呼呼的來回踱步，然後宣布「我不幹了！遠征隊就此解散！」他很怕自己快要瘋了。

再回來看看病床上的達爾文，他則是擔心自己回不了家。幾個星期過後，費茲羅那陣如「熱咖啡」的火爆脾氣冷靜下來了。船員都在說服他，既然要回英國，何不乾脆搭小獵犬號回去？又既然大家都已經重新回到小獵犬號，何不再花點時間完成測量工作？

費茲羅依照慣例，改變了心意。他表示自己並不是真的要放棄，接著向大家道歉。航行繼續下去。到了 11 月，達爾文覺得身體好多了，在小獵犬號往南測量智利海岸的時候，重新回到船上。這趟測量航程的某一天晚上，達爾文與船員看到遠處的火山爆發了，他很興奮急切的用望遠鏡觀察這個景象。

達爾文在安地斯山上發現像這樣的貝殼化石，證明這片山脈很多年前其實是在水裡。

地表隆起了

· · · · · · · · · · · · · · · · · ·

　　1835 年 2 月，完成智利南部的測量工作後，小獵犬號在瓦爾迪維亞這座港口城市稍作停留。2 月 20 日，達爾文跟往常一樣進入叢林捕捉昆蟲，當他躺在草地上休息時，突然之間，地面劇烈震動。他試著想要站起來，但是膝蓋完全站不直，又向後倒下。足足兩分鐘，整片地面劇烈搖動。這是達爾文第一次遇到地震。他趕緊跑回小鎮上，看到許多木造建築都倒塌了。費茲羅下令所有人都回到船上，立刻啟航沿著海岸前進康塞普森大港。他們抵達後，發現這座城市成了一片廢墟。康塞普森大多數的建築都是用石頭建造的，地震一來，石造房子很容易會被震碎。一名鎮上的官員跑來告訴他們，「康塞普森的房子全倒了……七十個村莊被摧毀。」更糟糕的是，巨大海嘯（地震引起的巨大海浪）沖走了海岸附近所有的房舍。達爾文前往海岸調查，他回報整個海岸沿線好幾公里的狀況是：「到處散落著木材和家具，彷彿有上千艘大船在這裡遇難。除了許許多多的桌椅、書架之外，還有幾座房舍的屋頂，幾乎是一整片隨著海水漂流到這裡。」（相隔整整一百二十五年之後，西元 1960 年，一場芮氏規模 9.5 級大地震的震央就發生在瓦爾迪維亞。沒有人知道 1835 年那次的地震有多強，但是從達爾文的描述來推斷，很有可能跟 1960 年這次的強度差不多。）

　　當小獵犬號的船員投入救災工作，達爾文發現因著地震的緣故，這片區域的土地從海平面隆起了好幾公尺。他看到原本在躲在水中岩石底下的一大

群貽貝，如今在海岸邊死亡腐爛。這是最直接的證據，證明了萊爾的地質理論。達爾文親眼看見了，陸地是從海中一點一點往上隆起。經歷數百萬年的時間，經歷好幾千次地震之後，他看到的那些貽貝會變成化石出現在安地斯山脈上。

達爾文希望能確實印證這個假設。小獵犬號為了後續橫越太平洋的旅程，再度來到瓦爾帕來索港進行物資補給，達爾文因此決定他有時間可以爬到安地斯山的山頂（之前他只到過山腳下）。除了再次以柯菲爾德家當作基地，達爾文還聘請了原住民擔任嚮導，展開他個人步行距離最長的一趟旅程。他們一路朝最高的山巔邁進，正如他之前所推想的，山上的岩石裡真的有貝殼化石。如今他可以十分確定，地球至少有百萬年之久，或是更老，否則根本無法解釋他在智利看到的現象。

下山的路上，他發現一些更不尋常的東西：石化樹森林。這個發現再次佐證了地球的年紀，以及這裡發生過導致樹木變成化石的大型地質變動。4月初，他才回到柯菲爾德家，將另外一大箱標本運回去給韓斯洛，還附上一封信描述他的新發現。

一直到7月6日他才重回小獵犬號，向北航行前往祕魯。這一站只是他們動身開往太平洋之前短暫停留的一個地方，但是當地又發生了革命，使得船隻與乘客紛紛離開。最後他們可說是逃離南美洲的。9月15日，他們到達太平洋上的第一個停靠點：加拉巴哥群島。

南美洲料理時間

在智利的時候，達爾文常常到講西班牙語的殖民者的大莊園（大房子或是農場）吃飯。在那裡他第一次吃到許多美味的拉丁美洲餐點——與他在英國吃的東西大大不同，也跟小獵犬號上的餐點非常不一樣。這是一道傳統的智利菜餚，使用的都是當地食物，作法則是根據 19 世紀的食譜。這道菜達爾文可能吃過許多次，因為從以前到現在，智利的許多家庭都很常吃這道菜。

格拉納多斯豆（燜豆料理）

你需要——

◆ 2 杯（480 毫升）新鮮或是乾燥的紅莓豆
◆ 3 大匙（45 毫升）的橄欖油
◆ 1 大匙（15 毫升）的紅辣椒粉
◆ 2 顆中型洋蔥，切丁
◆ 3 顆新鮮番茄，切碎，或者也可以使用 1 罐 400 克的番茄丁罐頭
◆ 1 茶匙（5 毫升）的羅勒
◆ 1/2 茶匙（2.5 毫升）的奧勒岡
◆ 一點調味用的鹽巴與辣椒粉
◆ 2 又 1/2 杯（600 毫升）或是 450 克的南瓜，切成約 2 至 3 公分的小塊
◆ 1 又 1/4 杯（300 毫升）新鮮或是冷凍玉米粒

說明：蔓越莓豆（花豆）並不是蔓越莓，而是一種很好吃的豆子，也稱作賓多豆、羅馬豆、羅馬白豆或其他名字。這種豆子的外觀是白色帶紅色斑點。如果你找不到蔓越莓豆，可以改用大北豆、白豆、利馬豆或是斑豆代替。請盡量用乾燥的新鮮豆子，而不是罐裝豆子。

最好是用冬天產的南瓜，奶油瓜、香蕉瓜、橡實瓜或是南瓜。記得要削掉瓜皮喔。

食材與調味的用量不必太精確。可以依照喜好增減任何材料。

如果使用乾燥豆子，把豆子放在加了半鍋水的大湯鍋中，煮到水滾之後，關火，讓豆子浸泡一個小時。之後把水倒掉，加入新鮮乾淨的水，再把豆子煮滾，用小火慢燉一個小時。如果是用新鮮豆子，要先把豆子洗乾淨，然後放到大湯鍋，並放入半鍋的水。水煮滾之後，關小火，慢慢燉 45 分鐘，讓豆子煮軟。然後倒掉一部分的水，留下一些等一下使用。

在平底鍋裡把油加熱，再放入一點辣椒粉。把切碎的洋蔥拌進去，炒出洋蔥的甜味。加入番茄、奧勒岡、鹽巴，用文火燉煮。開小火快速攪拌 10 分鐘，讓剛剛丟入的食材充分混合在一起。必要時，再加一點水進去。把南瓜、豆子一起放進大鍋攪拌。加上一點剛剛留下的水，繼續攪拌，用小火燉煮 15 分鐘。等南瓜煮到有點軟爛並且出現濃稠醬汁的時候，加入玉米，繼續煮 5 分鐘，或是煮到豆子跟玉米變軟為止。想要味道重一點，可以再加一點鹽巴或是辣椒粉。接著，用淺盤子裝好，就可以上桌了。

加拉巴哥群島

已經有不少人寫了關於達爾文前往加拉巴哥群島的事。很多人一聽到這個群島的名字，腦中會立刻浮現一個想法：「那裡不就是達爾文發現演化理論的地方嗎？」他們以為小獵犬號整趟航行的任務就是前往加拉巴哥群島。然而事實上，在整趟旅程中，不論對小獵犬號或是對達爾文來說，加拉巴哥群島都算不上是重要的停靠點。達爾文確實很期待造訪這座位在厄瓜多外海960公里處的奇特群島，但他不是為了研究島上的野生動物，而是因為那裡的地質景觀很特殊。不過，當達爾文回到英國後不久，他才真正明白造訪這片群島是一件多麼重要的事情。

他對加拉巴哥群島的第一印象不怎麼好：「*海岸邊黑色的熔岩上不時可以看到醜陋、笨重至極的大蜥蜴（有60至90公分長）……我在岸邊持續研究植物，並且採集了十種不同的花朵，但是如此不值得一看的醜陋小花，比較適合出現在極地，而不是熱帶國家。*」

太陽無情的照射，黑色熔岩燙得根本無法行走，連爬蟲類與鳥兒都避開了，幾乎沒有任何動物能受得了，只有少數昆蟲待在這裡，而且沒有哺乳類動物。有些錯誤訊息影響了達爾文原有的研究熱情；有人告訴他知名巨大的加拉巴哥島龜是從印度洋引進的。他想，既然加拉巴哥群島不是牠們原生的棲地，

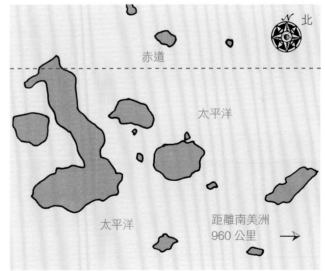

加拉巴哥群島。

85

那就沒必要研究這些烏龜了。他還聽說（當然也是錯的），那些水生的鬣蜥——全世界唯一一種能在海中游泳的蜥蜴——是從南美洲引進的，根本沒什麼特別的。還有這兒的鳥多半是棕黑色、沒有花紋的磯鷸，很普通，一點也不稀奇。

對達爾文來說，加拉巴哥群島上的動物最有趣的地方是，牠們非常非常溫馴。有一次達爾文靠近一隻棲息在樹枝上的老鷹，還伸手輕輕敲了牠一下；那隻老鷹居然一點也沒想要飛走。達爾文還曾爬到一隻大象龜身上，像騎馬一樣騎著牠，牠卻仍然照常行走、停下來喝喝水，好似達爾文根本不存在似的。小獵犬號的水手抓了十八隻象龜上船，預備在接下來的航程中吃掉牠們——當時只要經過加拉巴哥群島的船員都會這麼做。

達爾文花了好幾天的時間盡可能的採集樣本，但事實上比起之前的科學考察，這回他可說是非常不用心。想到這些鳥兒跟其他不同群島上的鳥沒什麼兩樣，他就提不勁，甚至忽略了要拿這些標本跟其他島上的標本仔細比對一下。這項疏忽導致的錯誤讓他日後懊悔不已。

這片群島的地質景觀真的很特殊。達爾文仔細檢視形成島上熔岩的小火山——他發現熔岩是最近才冷卻的，變成像鐵塊一樣硬。由於這個島才從海中升起沒多久，頂端部分的土壤還沒變硬。所以，有些地方能長出這裡特有的仙人掌，剛好島上特有的象龜與陸鬣蜥最喜歡吃這種仙人掌。島上沒有太多東西可吃，海鬣蜥要到岸邊來找海草吃。鳥兒挑出種子來吃，吃完隨處一丟又長成了一片淺根的雜草野花。

會來加拉巴哥群島居住的人，都是流放到查爾斯島的罪犯（如今查爾斯

島改名為聖瑪麗亞島）。管理這塊殖民地的官員告訴達爾文，他可以光從這些陸龜龜殼上的花紋就判斷出牠們是來自哪座島。這個漫不經心的玩笑話觸動了達爾文，引發一整串連鎖反應，最終幫助他開啟一整片全新的視野。

雖然遲了些，但達爾文開始留心注意每一個小島上的鳥兒。牠們的外表有些差異，端看牠們來自哪裡。他終於開始謹慎小心的幫這些標本做記錄，不過他相當懊悔的在日記上寫道：

我作夢也沒想到，這些大約相隔八、九十公里的島嶼，它們大多在彼此的視線範圍內，由完全相同的岩石組成，處在相似的氣候下，在幾乎都是一樣的海拔高度，居然會出現這麼不同的住客……這是大部分航海者的命運，才剛到一個地方發現了當地最有趣的事物，就又要匆匆離開。但或許應當感謝的是，我得到夠多素材來驗證那個可用於所有生命型態的顯著事實。

但是現在沒時間多想這件事了。1835 年 10 月 20 日，費茲羅宣布，準備啟程！我們要橫渡太平洋，終於要回家了。

加拉巴哥群島上獨有的三大原生物種：陸鬣蜥（上）、海鬣蜥（中）以及象龜（右）。

達爾文跟象龜一起散步。

朝向家鄉，全速前進

　　雖然最後一年的航程幾乎讓他們環遊世界一周，而且還經過了許多奇特的地區，但達爾文卻不怎麼把這些事情放在心上。就跟其他船員一樣，他一心只想要回家。

　　在海風大力吹送的幫助下，他們以驚人速度橫渡整個太平洋，只花了三週時間就抵達大溪地。船只在當地停留很短的時間，但達爾文很享受這段時光。島上野生香蕉、鳳梨、芭樂、椰子及麵包果的美味令他感到驚豔。他也對大溪地人與火地島人的巨大差異深感不解。以歐洲人的眼光來看，這兩種人都是原始部族，但達爾文卻覺得火地島人不誠實、無知、醜陋又沒有進步的可能，反觀大溪地人就很友善、慷慨、迷人、聰明且每天都有進步。很多大溪地人都變成基督徒，達爾文認為這是件好事。

　　下一站是紐西蘭。航行途中，達爾文不停想著太平洋裡珊瑚礁遍布的現象。當時還沒有人搞懂到底珊瑚礁是怎麼出現的，達爾文卻知道那些礁石雖然看上去是凹凸不平的橘色或粉色石頭，其實是由微小的動物慢慢建造、形成有防護作用的珊瑚。只是，這些小動物明明只生存在淺淺的溫暖水域，怎麼有些礁石卻往下延伸，直到深海區？而且，有時礁石會圍繞著島嶼，有時卻只是單獨形成一個環，中間並沒有小島──這種形態如今被稱為「環礁」。

加拉巴哥群島到底有什麼特別？

大多數人都知道達爾文去過加拉巴哥群島，但只有少數人明白這一趟旅程在達爾文思考演化理論上，扮演了多重要的地位。其中的關鍵就在於這兩個概念：相似性與差異性。

相似性

達爾文知道，加拉巴哥群島上的鳥跟南美洲大陸的鳥長得很相似，兩地只相差 960 公里，所以假設這兩群鳥彼此有什麼關聯也很合理，好比很久以前鳥兒從南美大陸飛來，或是搭了什麼便車跑到小島上，展開新生活。一直以來，世界各地的動物都是這樣的遷移。

差異性

經過仔細觀察，達爾文發現加拉巴哥島上的鳥兒跟南美大陸的親戚，差異微小，卻顯而易見。最重要的是，每一座島上的鳥兒都長得不太一樣。有一些是小鳥喙（這樣才方便撿拾島上特有的小種子）；有些是窄鳥喙（好戳進島上昆蟲愛躲的小洞）；還有些是大鳥喙（為了撬開島上特有的硬殼大種子）。鳥類學家（專門研究鳥類的專家）後來確認每一座島上都有專屬這座島的特有種小鳥，即使這些鳥兒第一眼看起來都十分相像。

這代表了什麼？當時流行的理論是，每一個物種都是個別由上帝在創世時期所造的，但是達爾文覺得比較合理的解釋應該是：很久以前，一小群鳥兒從南美大陸遷移到加拉巴哥群島上居住，繁衍很多代之後，每一個小島上的小鳥慢慢適應了當地獨特的生態系統並且生存下來。這樣的解釋不是比較合理嗎？既然說他們是由共同祖先演化而來，不就是認為如此不同的外型最終會導致牠們變成不同的物種？每一個島上的生態系統都有一些些差異（種子果實大小不同），導致每一群生活在島上的小鳥都以不同方式（鳥喙尺寸大小不同）來適應這些差異。

因為加拉巴哥群島位置遙遠又孤立，所以這些動物變得有點像是實驗案例。尤其島上物種很少，又跟其他生態系統也沒什麼連結。達爾文明白了，這些法則如果能套用在加拉巴哥群島上的小鳥，那麼世界上每個生態系統的動物不也是一樣，現在我們看到的各樣物種應該都是從一些更早就存在的物種演化而來，並不是由創造主在同一時間裡創造出來的。

加拉巴哥群島的巨大陸龜。每一座島上的龜殼花紋都不相同。請注意看看圖下方兩隻加拉巴哥群島的磧鵐。

大多人同意萊爾的分析，他認為礁岩是長在海底火山口邊緣。這點也解釋了礁岩為何通常是環狀的。但是達爾文覺得這回萊爾可能錯了。如果陸地在太平洋那一頭的安地斯山脈會上升隆起，那麼在另一端，很可能是下沉。達爾文懷疑珊瑚礁是在淺水區繞著島嶼生長。在經過幾千幾萬年之後，島嶼下沉，礁石反倒往上延伸了，而這樣也才能保住最上層的活珊瑚繼續生存在溫暖淺水區。至於死亡變硬的珊瑚就堆疊在下層的位置。有時候，島嶼會整個下沉到完全看不見，但是珊瑚礁卻會繼續生長，長到足以確保自己高過水面。這點可以解釋南太平洋為何環礁四處遍布，以及珊瑚礁延伸至深海層——其實牠們的底層原先也是在比較接近海面的位置。達爾文很幸運，費茲羅的最後一項任務就是調查印度洋的一些珊瑚礁地區，他剛好可以趁機確認他的理論。

小獵犬號在紐西蘭只是短暫停留。達爾文沒有太多時間可以收集標本，所以他乾脆漫步閒逛看看這個地方。他對紐西蘭的原住民毛利人沒有太高的評價，雖然是大溪地人的近親，但是毛利人是凶猛的戰士，據說還是食人族。許多移居當地的白人都是囚犯、法外之徒，或是酗酒者，達爾文對這些白人的印象更差。在達爾文眼中，英國宣教士相當拘謹、正經又虔誠，會給紐西蘭帶來好的影響。

達爾文很驚訝自己竟然如此欣賞來到大溪地與紐西蘭的宣教士。展開這趟航行之前，他還在英國的時候，他深信傳教士都是殘忍的征服者，他們想要消滅當地傳統，用英國文化來取而代之。所以他本來是十分厭惡傳教士的。但是在他內心深處，他仍然是個出身上流社會的英國人，畢竟他早年還

曾接受神學教育，預備日後當個牧師。加上他在這趟航程所見識到的當地文化風貌，大多充滿了暴力與混亂，所以他開始覺得一個國家接受基督教之後，有可能會變得更和平一點，讓生活在其中的原住民與外來者都可以更快樂些。不過，達爾文大概會很吃驚，過了快兩百年之後，人們仍在為殖民到底是好是壞爭辯。

從紐西蘭離開後，小獵犬號很快就抵達澳洲雪梨。當地的都市景象熱鬧繁榮，達爾文先是覺得驚訝，隨即變成十分厭惡。有部分移居者是英國流放到此的罪犯，讓這片大陸像是個大型監獄。雪梨到處都是口袋滿滿的前科犯，他們成了商人，經營羊毛出口生意，把澳洲羊毛賣到全世界。這個地方對於像達爾文這種好奇心旺盛的人來說，嚴重缺乏能刺激心智的事物。他在當地的短程旅行，只得到滿滿的失望，因為飼養綿羊的牧場主人殺了當地大部分的野生動物。

小獵犬號在離開澳洲之後，只在幾個地方稍稍停留，在 1836 年 4 月 1 日抵達位在印

寫一篇旅行日誌

達爾文在航行途中寫下了非常多的筆記，之後他把這些冒險經歷寫成一本暢銷的書。你也可以寫自己的小獵犬號航行日誌。

你需要──
◆ 一本空白筆記本或是寫字板
◆ 一枝原子筆或是鉛筆

下次有機會離開你住的城市去旅遊，一日遊或是有長一點的假期，你可以寫下旅行日誌或是旅途上發生的任何事情。（如果最近沒有旅行計畫，也可以記錄你在本地小旅行的事。）你可以當場記下自己的想法和觀察，或是一路上停個幾次慢慢寫，當然也可以等到當天傍晚，一口氣把整天發生的事仔細記錄。你可以描述當場情況，把看到什麼不尋常的事物和聽到的對話寫下來，以及任何你覺得值得記錄的東西，都可以記。仔細留意細節。試著寫一點你通常不太注意的小事物。

等你回到家，還可以繼續補上任何你記得的細節。然後你可以幫這份日誌取個很傳統的標題，好比：〈我的山中之旅以及所見所聞〉。

一群活的珊瑚蟲。

度洋的基林群島（現在稱為可可斯）。這個遺世獨立的小群島全是由珊瑚礁組成，島上除了椰子樹之外，其他植物無法生長。達爾文花了好幾天在淺淺的水灘走來走去，欣賞美麗的熱帶魚，採集一些活的珊瑚礁樣本，還會躺在沙灘上喝椰子汁。他也用顯微鏡仔細研究珊瑚礁的構造，但始終沒法解開珊瑚礁究竟是植物還是動物的這個謎團（那時還沒有人曉得答案）。但是，多虧了他的研究以及費茲羅測量珊瑚礁能往下延伸好幾千公尺，讓達爾文確信自己關於珊瑚礁生長在下沉島嶼上的理論是正確的。

離開基林群島之後，小獵犬號沒有其他任務，就只是朝家的方向直奔。路途上，費茲羅要使用一個巨大的精密經線儀（非常準確的時鐘）來繼續測量地球的經度，這個儀器也是專為這個目的而帶來的。小獵犬號橫越印度洋後，短暫的在南非停留。到了亞森欣島，達爾文發現有好些郵件正等著他。他妹妹凱薩琳來信說，韓斯洛把幾封他關於科學研究的信件編成小冊子，並且在沒有獲得他同意之前就印了很多本！幾位頂尖科學家與紳士已經讀過那本小冊子，他成了鎮上的熱門話題人物。達爾文一瞬間覺得既驕傲又尷尬，他寫的信本來只打算給韓斯洛一個人看的。

過了南非之後，費茲羅對小獵犬號的船員宣布一個驚人的消息：他們必須再繞回巴西最後一次，正式完成繞行世界的任務，以及確認他的經度測量是否都正確。當然，他們不是真的非得這麼做不可；但是費茲羅是個完美主義者。每個人都很不滿，但又不得不服從。他們根本不可能去跟船長爭論什麼。到這時達爾文已經徹底失去耐心了。他寫道：「這樣迂迴繞路實在叫人難以忍受，我簡直要精神崩潰了。我好恨，我討厭大海。」

又一次在巴西短暫停留，以及遭惡劣天氣拖延一陣子之後，小獵犬號直直往北，航向英國。這趟航程大家都滿懷期望。船上這些人已經離開家將近五年了。達爾文晚上也睡不著，躺在吊床上想像自己坐在往士魯斯柏立的馬車上是什麼感覺。有哪些事情改變了呢？所有的事情還跟以前一樣都沒變嗎？他還不知道其實是他自己變了。他不再是當年那個愛玩的「闖禍精」，已經變成一個堅毅又嚴肅的科學家了。這趟海洋之旅雖然即將結束，但是他心靈的旅程才正要展開。

1836 年 10 月 2 日，這天夜裡吹起暴風雨，英國海岸被烏雲籠罩。歷經四年九個月又五天的海上生活，小獵犬號開進了英國南方的法茅斯港。達爾文環遊了世界一趟，看見了沒有人看過的景致。但是在他心目中，寒冷潮溼的家鄉始終是世界上最美好的地方。他終於回到家了！

英國維多利亞時期，
人們成群結隊前往博
物館觀賞化石展覽。

Chapter 4

尋找解釋

心靈之旅

結束小獵犬號的冒險旅程回到家，達爾文也不能放鬆。太多事情要做了，許多科學問題還沒有找到答案呢！他後來提到，結束旅程之後的兩年，是他一生中最忙碌的時候。

他搭乘馬車趕回士魯斯柏立，但是抵達「山嶺」的時候，大家都睡了。所以，很搞笑的是，他是躡手躡腳的走回房間，好好睡了一晚，第二天早上再慢慢晃進餐廳吃早餐，就像他根本沒離開過家一樣。每個人都從椅子上跳起來。達爾文回來了！姊妹們親吻他，又哭又笑的，就連僕人也在一旁跟著開心。他寫信給韓斯洛，說他「既高興又困惑到頭昏腦脹了」。

他簡直不知道該從哪裡說起。在與家人快樂相聚之後，他又趕回劍橋去跟韓斯洛碰面。他要怎麼處理那些他運回來的東西，以及還在小獵犬號上沒

解剖學家歐文站在他組好的動物骨骸旁邊。

來得及卸下來的好幾千個樣本？這些東西需要好好分類、編目與研究，但是這些事情達爾文一個人肯定忙不過來。他要怎麼整理這一大堆的盒子跟瓶子？在韓斯洛的協助下，他安排了每個領域的傑出專家來參與整理這些標本的工作。歐文，知名動物解剖專家，負責檢驗化石；受到極高尊崇的鳥類學家古爾德同意負責鳥類部分。其他還有幾個人願意負責蜥蜴、昆蟲與貝殼類。

達爾文終於把小獵犬號上所有的東西都卸下來了，並且在劍橋租了一個房間來進行分類工作。費茲羅正在寫正式的航行報告，他請達爾文針對自然史的發現另外寫一卷，可以一併出版。為此，達爾文把自己的筆記全都收集起來，後續花了一年時間把這些資料整理成書出版，正是我們如今所熟知的《小獵犬號航海記》。

一個問題來了：大多數達爾文想要諮詢的傑出科學家都住在倫敦。他只好多次前往倫敦，住在哥哥伊拉斯謨斯的家中。他見到他的偶像萊爾。在搭小獵犬號出航的期間，萊爾的書大大的啟發了達爾文。達爾文很緊張，不知道要跟這位大人物說些什麼才好，但是令他驚訝的是，萊爾對待他的態度就像他才是個名人，還多次謝謝他確認了自己書中的理論。後來他們成為了很好的朋友。

達爾文認為不能一直給哥哥添麻煩，於是在 1837 年 3 月，達爾文在他認為「骯髒可憎的倫敦」租了一間房子。倫敦這裡到處都是燒煤炭的工廠，煙囪林立。煙霧跟汙染非常嚴重，即使是晴朗好天氣，空氣裡仍可見薄薄的黑色灰煙，讓人呼吸困難，也讓可憐的達爾文犯頭痛。可是，如果他想成為知名科學家，他別無選擇，非得住在這個骯髒的大城市不可。

磧鶸之謎

　　有一次，鳥類學家古爾德告訴達爾文，他從加拉巴哥群島帶回來的鳥類標本全都有標記錯誤的問題。從牠們不同的鳥喙形狀判定，達爾文認為他帶回來的是不同的黑鸝、鷦鷯、鶯和磧鶸。古爾德卻說，這些鳥兒事實上全都是磧鶸，屬於不同種類，而且以前從來沒有看過。另外一組仿聲鳥也是之前科學界從沒見過的新發現——裡面每一隻仿聲鳥都是不同的物種。這些磧鶸與仿聲鳥都跟其他來自南美的物種有些關聯。

　　加拉巴哥群島的磧鶸啟發了達爾文，他開始更仔細關注他稱之為「物種演變」的這個主題，也就是一個物種緩慢轉變為另外一個物種的過程，今日我們稱之為「演化」。（儘管我們都知道達爾文是演化論的開創者，但是他一生中卻很少使用「演化」這個詞。他寧願使用「演變」或是「經過改變的繼承」，甚至在第一版的《物種起源》裡，他連提都沒提到「演化」這個詞。）

　　與古爾德談過之後，達爾文思考了很長一段時間。他想，這一群磧鶸一定是很久以前被一陣大風暴從南美大陸吹到加拉巴哥群島。有些掉到這個島，有些掉到那個島。但是每一個島的生態都不太一樣，可吃的種子都有點不同。經過一段時間，磧鶸一代一代繁衍，由於生存在不同的小島上，牠們的後代為了適應當地食物，就慢慢有了不同形狀的鳥喙。磧鶸的例子讓達爾文深信「演變」一定發生過，只是他還琢磨不透到底是什麼造成了改變。

萊爾。

新想法的源頭

達爾文的想法，透過歐文的發現獲得了印證。歐文聲稱達爾文找到的化石是某種巨型動物，牠跟南美某些現存的小動物相當近似。有一個看起來像是巨大的犰狳，另外還有巨大的駱馬、巨大的樹獺，以及某種巨型齧齒動物。犰狳、駱馬、樹獺以及齧齒動物至今仍生存於南美洲，但是尺寸都小了很多。既然現在到處都找不到這些大型動物，很明顯的牠們已經絕種了。這樣的情況要怎麼解釋呢？達爾文深思著。難道是這些動物全都死光之後，就神奇的冒出一種新動物，長相跟之前的很近似但又完全無關？顯然應該是過了一段時間，那種巨大犰狳變得愈來愈小，直到變成像是現在這種尺寸的犰狳。換句話說，那些化石是我們今日看到的這些動物的祖先。

這個想法如今看來是不證自明，但是在 1837 年卻震驚了社會大眾——甚至可說是褻瀆上帝。大多數的英國人認為《聖經》是百分百正確的，而且根據《聖經》的說法，上帝是一次就把所有動物都創造出來的。就是這樣，沒別的好討論。的確，在達爾文之前也有一些思想家提過這樣的想法，但是他們都被當成激進派或是革命分子。達爾文不喜歡爭論，也不想引起人們的不安。但是他沒

達爾文發現已經絕種的巨大犰狳的化石。

現代的犰狳。

法否認眼前的這些證據。所以，他選擇不告訴別人自己的想法，而是從 1837年 7 月開始寫祕密筆記。他在日記裡寫道：

從七月起，我開始寫第一本關於物種演變的筆記。前一年三月看到的那些南美化石、加拉巴哥群島的物種帶給我很大的衝擊。這些事實（尤其是後者），是我所有觀點的起源。

他知道思考這個課題會耗費他不少力氣，而且他希望自己的思緒可以有組織的整理起來。

達爾文很清楚他的想法跟當時人們的宗教情感落差很大。但是從這時候開始，他漸漸認為不應該把《聖經》視為科學教科書。在小獵犬號這整趟航行中，水手都愛取笑達爾文一碰到難題就愛引用《聖經》。在神學院讀了三年，即使他不是用功的好學生，多少還是有點神學學者的樣子。直到 1837 年1838 年，他發現自己腦中的科學新知直接衝擊到「聖經直譯主義」（譯注：完全按照《聖經》字面意思來解釋《聖經》的意義），或者至少開始質疑《聖經》的字字句句是不是全都屬實。所以，在半推半就之下，達爾文慢慢放棄了原先的想法，不再認定《聖經》是歷史與科學的文件。他認為，那確實是一本重要的書，蘊含了智慧以及很棒的道德真理，但是在處理科學問題的時候，還是先將其放到一邊吧。

《聖經》的插圖，畫的是上帝正在創造動物。

自己做化石

達爾文不是那個時代唯一對化石產生狂熱興趣的人。19世紀全歐洲瀰漫著一股「化石狂熱」，業餘化石收集者四處尋找化石。儘管大家都很有興趣，但是卻有很多人不認為化石就是古代動物的遺跡，有的人還認為那單純只是大自然在石頭上留下的精巧痕跡。科學家最終證明了化石就是動物與植物的遺跡，是歷經幾世紀「礦化」過程後形成的東西。不過你不用等幾百萬年才能做出化石，這裡有一個方法，只要等一個小時就可以了。

人們有各種關於化石的想像。這張畫的是小孩子騎著化石搖搖馬。

你需要──

◆ 黏土或是培樂多黏土
◆ 雞骨頭、小樹枝、貝殼、橡果或是玩具動物模型
◆ 熟石膏或是白膠
◆ 簽字筆或是水彩（任選一種就好）

抓一小把黏土或是培樂多黏土放進一個淺碗。（如果家中沒有黏土，你可以自己製作，只要混合一匙的水與一匙的鹽巴，倒進裝著麵粉的碗裡，放一下，然後用手揉捏直到產生黏性。）注意要確認一下黏土至少有5公分的厚度。

隨便拿幾根晚餐剩下的雞骨頭、一段小樹枝、一個貝殼、一顆橡果或是一個小玩具，用力壓進你的黏土，只留下一半露出在外面。盡量小心慢慢移開你壓進去的東西（你可能要使用鑷子或是小鉗子），並且確認你有沒有在黏土上留下清楚的「印模」。

按照包裝袋上指示，拿一點石膏來攪拌混合好。然後用湯匙小心的把石膏舀到你的模子，直到把印模填滿。（如果你沒有石膏，也可以用白膠，不過白膠要等久一點才會變硬。）

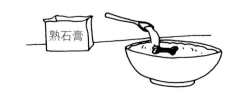

等石膏或是白膠變硬。如果是小模子大概要花半小時，要是大模子就可能要等一個晚上。接下來要小心的進行「開鑿工作」，也就是從黏土上慢慢剝下你的石膏或白膠化石。把化石上殘餘的黏土清理乾淨，你就擁有一個跟原來物品一模一樣的化石了。

如果你希望這個東西看起來更像個化石（石灰乾掉以後會變成白色的），你可以用棕色、灰色的水彩，或是用粗簽字筆幫你的化石上色。你可以多拿一點別的物品來試試，做出不同形狀的「化石」。

在倫敦的生活與愛情

達爾文與萊爾的友誼日漸增長，他常與萊爾或伊拉斯（他哥哥伊斯拉謨斯的新暱稱）一起參加派對。不過大部分的時間，達爾文都在撰寫小獵犬號之旅的書。終於，這本書在 1839 年出版了，是整套三大卷中的一本。其他兩本是費茲羅船長跟一個叫金恩的男人所寫，內容枯燥無趣，很不好讀。但是達爾文寫的這本深受喜愛──甚至幾年之後，這本書還單獨出版，書名為《小獵犬號環遊世界航程中的自然史與諸國地質調查：在費茲羅船長指揮之下》。由於書名實在太長，大多數人都稱這本書是《小獵犬號航海記》。達爾文收集到的資料相當多，多到他還同時開始寫另外兩本書，一本是針對小獵犬號航行期間的動物學研究（動物主題），另外一本是關於地質學研究（岩石主題）。

艾瑪。

生活周遭都是已婚的倫敦男士，驅使達爾文開始思考一個他從前完全沒想過的主題：他應該結婚嗎？畢竟他已經二十九歲了，而且自從和芬妮分手之後，他再也沒有交過女朋友。達爾文照例秉持自己的行事風格，他坐下來列表，寫下應該結婚或不應該結婚的理由。有妻子是「嚴重耽誤時間」的事情，會讓他變成「懶惰閒散的人」，但是妻子這個選擇「畢竟比養狗好」。仔細檢查過自己列的單子之後，他（不太帶有感情的）決定，是時候該娶個老婆了。

但是要娶誰呢？如此傷腦筋的事情他之前還真沒想過。很偶然的，那個夏天他的表姊艾瑪來倫敦拜訪伊斯拉，達爾文再次注意到她。多年來，達爾文家跟威治伍家有過多次聯姻的紀錄，所以跟艾瑪表姊結婚也算是符合家族傳統的選擇。此外，她真的挺漂亮，而且也挺有錢的。達爾文愛上她了嗎？或許還沒，但是他們可以慢慢培養感情。就這樣他做出了決定，那年秋天他求婚了。艾瑪雖然有點疑惑為什麼達爾文要考慮這麼久，但她還是立刻就接受了。

馬爾薩斯與大自然
· ·

1838 年 10 月左右，達爾文讀了馬爾薩斯的《人口論》。在這本書中，馬爾薩斯討論到全球人口過剩的問題，還談到所有動物終其一生產下的後代數量都會多過能夠存活的。馬爾薩斯說，如果牠們生下的孩子全都活下來，那

麼整個地球很快就會擠滿了動物。所以，在嚴酷的自然世界裡，絕大多數的小動物會在成年之前因為某種原因而夭折。這個論點讓達爾文想到，一般來說，那些活下來的動物，肯定是比同伴多了一點什麼才能適應環境並且存活。一隻獵豹追逐一群羚羊，牠一定會抓到那隻跑得比較慢的，其餘的羚羊就可以逃脫、存活下來，繼續繁衍牠們的後代——小羚羊寶寶因此能繼承到他們父母成功脫逃追捕的飛毛腿。這就是為什麼羚羊能夠變得愈跑愈快，因為跑得慢的羚羊根本活不久，當然也就無法生下跑得慢的羚羊寶寶。

這正是達爾文一直在尋找的關鍵點。他已經確定「物種演變」的發生。如今，透過馬爾薩斯理論的助力，他首度看懂了演變是如何發生。只要時間夠長，這些一點一滴的小改變就會慢慢發展，直到新的物種從舊物種裡面脫胎換骨出來。

達爾文長期以來一直對飼育動物這門行業相當著迷。按照飼育人員想要的特性來挑選出某些動物的後代，進行配種繁殖，他們就能繁殖出最胖的豬、最壯的馬、最安靜溫馴的貓、跑得最快的狗。這些動物的後代平均來說，甚至可以比牠們的祖先長得更胖、更壯、更溫馴，或是跑得更快。這些飼育人員會重複這些配種繁殖程序，讓新品種的豬、馬、貓、狗一再產生演變。（如今各樣品種的狗——從吉娃娃到聖伯納犬到獵犬，都是這樣飼育出來的。）人們把透過人工操作來飼育新品種的過程，稱為人擇（人工選擇）。達爾文的發現是，另外也有個一模一樣的機制在推動他所提出的那個演變，但是並不是人在做選擇，而是大自然在進行選擇。因此他把自己這個新觀念稱為天擇。

一隻紅毛猩猩。

居家男人生病記

　　達爾文持續撰寫他那兩本關於動物與地質的專書，並且在 1839 年 1 月 29 日這一天與艾瑪結婚。他原來在倫敦的房子兩個人住實在太擠了，所以他們在倫敦另外找了一間新一點、大一點的房子。《小獵犬號航海記》第一版終於出版上市了。艾瑪也懷孕了。達爾文還獲選擔任地質學會的一項要職。一切都是如此美好順利。

　　在一切開始步上軌道之際，達爾文的健康狀況卻突然變糟。從 1831 年開始，他身上就有好些毛病反反覆覆發作，但是從沒有像這次這麼嚴重。達爾文隨時都有可能突然嚴重胃痛、頭痛、手抖、心悸、失眠、嘔吐、皮膚起疹子、牙痛，甚至還有過短暫昏厥。有時候病情會自行緩和下來，但比較常見的狀況是，有好幾種症狀會同時發作。

　　有人認為他是在南美洲被蟲子咬了，因而染上一種罕見的「卻格司氏病」（南美錐蟲病），這種病的確會造成達爾文身上的這些症狀，但也有人認為他身體不好是遺傳到他母親。而大多數人得出一個結論，他的健康問題至少有部分是因為身心失調──也就是某些心理狀況引發身體不適，或是他在無意識中製造了這些症狀。人在壓力當中或當生活出現激烈變化時，的確會出現身心失調的病症。而且達爾文的生活確實在 1839 年出現了很劇烈的變化。但是當時醫學還沒有那麼發達，所以在達爾文的一生中，都沒有醫師能夠診斷他的病因，也因此我們永遠無法知道，可憐的達爾文到底生了什麼病。

1839 年 12 月，艾瑪生下了他們的第一個孩子，威廉。達爾文十分開心得意。他從沒想過當父親是怎麼一回事，但是他突然就了解了父母那些大驚小怪、緊張兮兮是怎麼回事了。他常常跟寶寶玩，在大家面前誇讚小威廉有多聰明。然而過沒多久，達爾文內心的科學家本色又跑出來了。他開始記錄什麼會惹威廉哭，什麼能逗他笑，他哪些情緒是一出生就有的，哪些又是隨著成長才慢慢發展出來的？達爾文寫了成堆的筆記，還保存了好多年。後來根據這些筆記以及他到倫敦動物園觀察一隻紅毛猩猩的紀錄，他寫成了一本書。達爾文首次見到這隻紅毛猩猩是在 1838 年，他立刻對牠著了迷，因為這隻人猿的長相與表現跟人類實在太像了，而且這隻人猿有很多情緒是人類也會有的。達爾文漸漸相信，紅毛猩猩跟人類小孩如此相似，兩者之間不可能毫無關聯。然而這樣的想法在當時觸犯了很大的禁忌。

艾瑪養育威廉的同時，達爾文繼續寫他的書。沒多久，他那本關於地質學的書又發生內容暴增的情形，他再一次決定把這本書分成幾本小書出版。第一本是以珊瑚礁為主題。他向萊爾解釋自己的理論，卻又很擔心這位地質學家會生氣，因為他的理論跟萊爾的珊瑚礁理論有很大的衝突。誰知道萊爾不但沒生氣，還對達爾文的理論感到相當興奮，開心得在房間裡到處跳。他催促達爾文盡快把這個論文寫出來。在 1840 年至 1841 年之間，達爾文除了少數身體不舒服的日子之外，大半時間都在寫關於珊瑚礁的書，其中內容主要是根據他的旅途見聞，以及因此產生的種種想法。他希望自己能成為世界知名的珊瑚研究專家。此外，他也持續寫那份祕密的物種演變筆記，但是「物種問題」暫時不是他最關心的事。期間，艾瑪生下了一個女兒，取名為安。

1842 年是達爾文生命中的里程碑，他完成並且出版了《珊瑚礁的結構與分布》，這是第一本他自己獨立完成的書。達爾文如今真的成為一個作家了。他把重心轉回祕密筆記上頭，並且寫下 35 頁的摘要來說明演化這個想法。現在有許多人都認為這份小文章，就是《物種起源》這本書的初步草稿。不過更傷腦筋的是，艾瑪又要生寶寶了。很顯然他們在倫敦的小房子已經快要塞不下這一家人了。

搬到唐恩小築

　　結果這團麻煩原來是一個化了妝的祝福。達爾文跟艾瑪已經受夠了倫敦，骯髒、吵鬧、擁擠，加上常常有政治集會遊行人潮在家門前走來走去，這種地方根本不適合一個嚴肅科學家，與他敏感纖細的妻子，和小寶寶們居住。無論如何，他們需要住得距離倫敦夠近，好讓達爾文一有需要就能夠進城。他們決定找位在郊外的住處。經過一番搜尋，他們發現了理想的屋子，位於唐恩這處小村子，距離倫敦大約 26 公里的路程。這棟叫做唐恩小築的房子有很多房間，但售價非常貴。幸好羅伯特醫師借了他們不少錢，讓他們能夠買下這間屋子。1842 年 9 月 17 日，他們搬進了新家。

　　這次是達爾文這一生中最後一次搬家。事實上，這也是他最後一次遠行。除了偶爾造訪倫敦、回土魯斯柏立，以及為了健康在英格蘭到處走走之外，達爾文接下來的人生幾乎都沒離開過唐恩小築。這位環遊世界的旅行家

此後都待在家裡了。

　　達爾文跟他的家人很快就在這間大宅安頓下來，繼續增加人口，組成一個大家庭。他們的第三個孩子出生沒多久就不幸夭折了——當時的小寶寶很常發生這種意外，達爾文已經透過馬爾薩斯的理論明白這情況。不過艾瑪很快又懷孕了。達爾文因為能離開倫敦而放鬆許多。他很喜歡平和安靜的鄉村生活。搬到唐恩小築之後，達爾文曾在自傳中這麼寫道：

唐恩小築。

　　很少人能比我們過得更像是退休生活。除了少數親戚的短暫來訪，我們只有偶爾到海邊或是其他地方走走，除此之外哪裡也不去……除了出版幾本書之外，我的生活幾乎不值得一提。

　　此話不假。從 1842 年起，達爾文的生活變得非常平靜。大半時間他都病懨懨的在家休養。身體狀況好一點的時候，他會在起床之後，趁天色還早在外面閒晃漫步，7 點 45 分準時吃早餐，9 點半至 10 點半這段時間，他會到書房寫信或回信給朋友，之後他就讀書寫作直到中午，稍微午休一下，去散步，然後寫點東西，再來就是安靜的晚間時光。就在這些年間，艾瑪又再生下了七個寶寶，他們家總共有十個孩子。

　　此時，達爾文的心智卻是比以前更活躍了。他收集了堆得像山一樣高的資料用以印證他的理論，繼續不斷的寫作，接下來的人生也一直有新想法產生。

久坐不動的科學家

　　1843 年，達爾文在許多研究動物的學者幫助下，完成了一套五卷的《小獵犬號航海記動物誌》，接著他又開始著手寫地質學的篇章，關於他看見的那些火山，於 1844 年出版。大約也是在這個時候，他跟年輕的植物學虎克成了朋友。虎克跟達爾文一樣，也是大學一畢業就參加自然史考察團。虎克的父親是皇家植物園（邱園）的園長，是當時全國最有威望的植物學家。虎克在二十六歲之齡就已經被公認為全英國頂尖的植物學專家。當達爾文拜託他檢視自己從加拉巴哥群島帶回來的植物標本，他們發現彼此有很多相同的興趣。虎克後來變成達爾文很要好的朋友之一。

　　但是，1844 年出現了一本讓達爾文相當憤怒的書，這本書的書名是《自然創造史的遺跡》，作者不詳。為什麼達爾文會這麼生氣呢？因為這整本書談的都是物種演化。這位作者顯然知道自己的書會掀起巨大爭議。果然這本書成為當年度的暢銷書。一時之間，所有人都在討論演化、物種和人類的起源。真的是這樣嗎？大家都很好奇。人類的起源真的是野獸？雖然那位作者對天擇根本沒概念，也沒提供任何理由說明為何演化會發生。但他還是讓人相信，不管你喜不喜歡，演化已經發生了。

　　倫敦的各個聚會上，大家都在討論「那本書的作者到底是誰？」有很多人被一一點名。其中一個名字一直出現，就是達爾文。「你不覺得他是個非常聰明的人？或許他就是那位不願署名的作者。」

巨人的肩膀

偉大的物理學家牛頓曾經表示，在科學領域中，他之所能看得遠，是因為他「站在巨人的肩膀上」。意思是，靠著許多科學家前輩的成就，他才能夠獲得許多新的發現。科學是一個互相合作的過程，所有科學家腦子裡的想法都是靠前輩們的貢獻才能累積收穫的。以下這幾位前輩，就是讓達爾文能有所突破的人。

恩培多克勒（亞格里琴托，西元前 490-430 年），古希臘哲學家，也是提出天擇說的第一人。他的觀念是，所有奇怪的動物起先都是存在的，世界上原本有很多奇怪的動物，牠們多半是獨一無二的，所以找不到對象交配，無法產下後代。結果，這些獨特動物全都死了。只有那些可以適應的、找到伴侶生下寶寶的物種能夠存活至今。這個關於繁衍後代、傳遞特徵的觀念，成了當代演化理論的重要基礎。

亞里斯多德（西元前 384-322 年），是一位更有影響力的古希臘哲學家，他認為地球上所有的生命型態是按照階層排列的，簡單的生物（好比蟲子）就是在階層的底端，愈往上是型態愈複雜的動物（好比哺乳類與人類）。這是首度有人嘗試對生命型態進行分類。

格里高里（尼薩，西元 331-396 年）以及**聖奧古斯丁**（西元 353-430 年），這兩位都是基督教哲學家，他們表示在創造過程中，上帝僅僅只提供了自然的法則與生命的火花，而世界上的萬物是根據上帝提供的基礎法則緩慢演化而成的。

阿威森那（西元 980-1037 年），阿拉伯思想家，他曾寫道「山的出現……是地殼隆起所造成的」，這個理論在八百年後透過萊爾與達爾文獲得證實了。

伽利略（西元 1564-1642），義大利物理學家，他指出所有科學理論必須立基在對自然世界的實際觀察，不然就無法得到證實。以往思想家的觀念都是根據推測，甚至於是碰巧猜中的。

林奈（卡爾·馮·林奈，西元 1707-1778 年），在他的書《自然分類系統》中，提出一套現代分類系統，這個分類法至今一直沿用。他把所有生物分成兩大種類，植物與動物，然後又細分成不同的綱、目、屬跟種。（「門」、「科」進一步的分類，是現代的生物學家再加進去的。）每一種生物都擁有獨特的拉丁文學名。他還把人類也納入分類系統，就好像我們

林奈

伊斯拉謨斯

拉馬克

萊爾

也是某種動物一樣。

伊斯拉謨斯（西元 1731-1802 年），達爾文的祖父。他認為生命的起源是海洋裡微小、原始的生物，牠們一點一滴慢慢演化成各種現在看到的生命型態。這點正是當今演化學者所採取的說法。他還寫道，就生物學觀點，人類與猿猴的關係非常接近。但他不了解的是，為什麼生命會產生演化？

拉馬克（西元 1744-1829 年），他深信物種之所以緩慢演化成另外一個物種，主要原因就是環境的變化。但是他跟伊斯拉謨斯都錯以為動物的異變是靠著意志力把「後天可遺傳的性狀」傳遞給牠們的下一代。

馬爾薩斯（西元 1766-1834 年），他的《人口論》一書指出，人類社會與動物生態系統中，都需要靠持續不斷的掙扎才能生存，而且只有最成功的個體才能夠存活，活得夠久到足以繁衍下一代。這個觀念補上了達爾文演化理論中失落的一塊拼圖。

赫頓（西元 1726-1797 年）與**萊爾**（西元 1797-1875 年）證實了地球非常非常古老，比以前所有人能想像的都還要老，並且會逐漸改變、慢慢變化。古老的地球在達爾文的演化理論中是相當必要的一環，時間拉得夠長才能讓這一個物種演化成另外一種物種。

要是其他人或許會覺得這是一種恭維，但是達爾文憤怒極了。一般大眾很喜歡那本書，但是真正的科學家都在嘲笑它，整本書充斥著錯誤和不正確的資訊。達爾文寫信給虎克，詢問他對這本書的看法。虎克回信說：「我讀《遺跡》讀得挺開心的，他把很多證據匯集起來了，〔儘管如此〕還是錯誤太多了。」達爾文帶著一股惡劣的情緒，回信說：「我也讀了《遺跡》，但是不知為何我沒像你讀得那麼開心，這本書的寫作風格與編排顯然很出色，但是我覺得他的地質學糟透了，裡頭的動物學更爛。」

達爾文以前的地質學家教塞奇威克寫了一篇尖銳的評論，抨擊《遺跡》的作者根本不知道自己在說什麼。雖然後來大多數的人都知道那本書的作者是一個叫錢柏斯的人。當達爾文在看了塞奇威克的抨擊文章（以及虎克的批評信——那是針對另外一位科學家，說他根本沒搞清楚物種的定義）之後，更加確定他暫時先不要出版演化新理論的書，等到日後實際做過一些實驗，把物種研究得更仔細再說。

其實達爾文也很緊張有人會跟他一樣，偶然發現了天擇的原理，並且搶先他一步寫書出版。他真的是左右為難啊！所以，到了 1844 年，他寫出一份更完整的文章來說明自己的理論，這是一份長達 230 頁的論文，但是他卻藏起來不給任何人看。後來他告訴艾瑪：萬一他突然死了（他一直很擔心自己的健康問題），要艾瑪把這些論文出版成書。這份論文被認為是他一直打算要寫的曠世巨作的第二版草稿。

虎克。

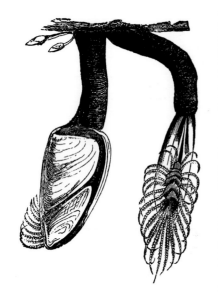

兩隻藤壺。左邊這隻殼蓋關閉，右邊的則是打開等著吃東西。

可惡的藤壺

1846 年，達爾文想要將重心拉回「物種問題」上。那時《小獵犬號航海記》已經單獨成書再度出版，銷售成績還挺不錯的。此外，達爾文把航行期間關於動物學與地質學的觀察都寫出來了，而且在搭小獵犬號出航十年之後，他終於完成那些標本的檢驗工作。在一封給韓斯洛的信中他寫道：「你想不到我有多高興能完成這些事情。」但是他真的完成了嗎？他帶回來的標本超過上千種，盒子、桶子、罐子、瓶子裝的昆蟲、動物、植物、礦物、鳥類、魚類和化石，還有其他林林總總的標本，偏偏就有這麼一個瓶子還沒看，還遺留在他研究範圍之外。達爾文把這個瓶子拿下來，看了看裡面，是一個藤壺，小小的、硬殼的水中生物，會黏在岩石、橋墩或是船身下方。他是在智利的海邊發現的。

出於好奇，達爾文把藤壺拿近，仔細凝視。牠只有大頭針那麼小，小到達爾文連用顯微鏡都看不太清楚。他請虎克幫他寄來新的顯微鏡片，才終於能看清楚這隻奇怪的小藤壺。多奇異的生物啊！不光是尺寸小到前所未見，還因為藤壺根本是寄生在另一隻動物裡面。達爾文認為試著描述這個新物種會是一項不錯的練習，等他那本演化的書出版時，就可以自稱是某種專家了。他盤算了一下，觀察藤壺並且寫出一份論文，大概要花上幾個月的時間。

沒想到，小小的藤壺竟然花了達爾文八年的時間去研究。歸根究柢，達爾文是個完美主義者，他為了進行比較，連其他種類的藤壺也一起研究了。

等他自己意識到，他已經寫出一份全世界各種藤壺（現存跟已經絕種）的全面性研究。一直到1854年，他才終於完成藤壺系列研究的最後四本。連他的同僚都對此大感驚訝，想不到他居然花八年時間去研究藤壺這種生物。達爾文自己也在自傳裡承認，「我懷疑花這麼多時間做這件事到底值不值得。」當他的研究進行到一半，卻還看不見有什麼結果，他也忍不住對於這樣緩慢的進度感到沮喪。「再不會有人比我更恨藤壺了，」他這麼寫道。

在1846年至1854年這八年間，達爾文的家庭也經歷了許多起伏。達爾文的父親，羅伯特醫師過世了。達爾文與艾瑪又多了四個寶寶，唐恩小築裡充滿了孩子的笑聲與嬉鬧聲。由於達爾文成天都彎腰盯著顯微鏡看，孩子們便覺得每個做父親的都把時間花在研究藤壺上。因此，當達爾文家的孩子去朋友家拜訪，他們會問：「你爸爸在哪裡研究他的藤壺啊？」

達爾文的怪病變得愈來愈嚴重。但最令他難過的是他大女兒過世。大女兒的名字是安，但達爾文總愛喊她安妮。她和他一樣生了怪病。1851年，達爾文還帶她去馬爾文療養中心，希望能改善她的健康狀況，可惜並沒有什麼效用。她十歲就死了，達爾文始終沒有從痛失愛女的情緒走出來。每當看到女兒的照片，達爾文就會流淚。他很自責，覺得女兒的病都是遺傳自他。直到今日，沒有人真正知道是什麼導致安妮生病致死。

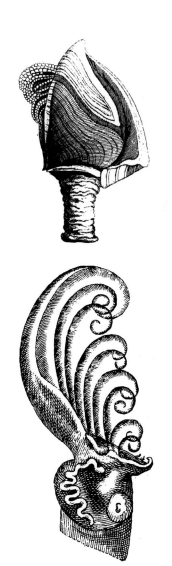

全世界有好幾百種不同的藤壺。

這張照片是達爾文在 1854 年左右，結束藤壺研究後拍的。那個時期的人們不太會對著相機露出笑容，因為他們需要端正坐著不動好一段時間，相機才能拍下清晰的影像。

朝向起源之路邁進

可惡的藤壺研究終於結束了。1854 年 9 月 9 日，達爾文一早起床，覺得自己整個人神清氣爽、思緒清明，他決定不再分心，要專心投入能奠定自己事業的工作。「我要開始整理物種理論的筆記。」這次他要專心一志，不再回頭。

他還有不少問題沒有解決，尤其是困擾他多年的問題：他明白生物會因為環境變遷而演化，例如，有一種羊活在冰河時期的初期，那麼只有毛皮夠厚的羊才能活過寒冬，那些毛皮較短的就會凍死。當環境變得更冷，羊就會演化出更厚的毛皮。但是根據化石證據來看，即使環境沒什麼改變，動物仍會朝不同方向演化。怎麼會這樣呢？到了 1854 年底，達爾文有了答案。「我還記得就是在路上那個地方，」他寫道：「我人在馬車裡，為了腦中突然跳出來的解答而開心不已。」

他明白了一件我們現在都已經知道的事情，那就是在任何一個生態系統裡，「生態區位」不只一個。想像一下，有一種猴子移居到森林裡，這片森林有兩種水果：又美味又軟的水果，但是只生長在最高的樹上最細的枝枒頂端；另一種硬皮水果會掉到地上，但是很難剝開也很難嚼。一般的猴子都太大也太重，沒辦法摘到樹枝頂端的美味果子，牠的牙齒也不夠力氣咬開掉落到地上的硬果子。少數不太一樣的猴子，體型比一般猴子小，行動也更敏捷，牠們就可以吃到樹頂的果子。另外還有一些猴子，生下來下巴就比一般猴子更

選擇有特定性狀的鳥，讓牠們交配繁衍幾代之後，飼育鴿子的人會養出某些特殊的、在自然狀態下不會出現的品種。

傳信鴿

鴿子

安特衛普短臉鴿

有力，牙齒也更大，可以咬得動那些硬果子，至少可以咬上幾口。

達爾文過了一段時間才終於搞懂，那些一般的猴子後來會餓死，是因為牠們既吃不到樹頂的軟果子，也咬不動地上的硬果子。可是體型小的猴子能吃到樹頂果子而活下來，並且生下體型跟雙親一樣嬌小的猴寶寶。最後，這些猴子就演化成一種體型較小、動作較敏捷的物種。回到地面上，那些下巴有力、牙齒很大、吃硬果子的猴子，也能夠活下來，並且生下同樣是下巴有力、牙齒很大的猴寶寶。牠們過一段時間後也會演化成另外一個物種，跟原先那些一般的猴子不同，也跟體型嬌小的猴子不同。至於一般的猴子──就是一開始搬到森林的那些，則是會絕種。達爾文看到的是演化可以同時間朝兩種或是多種不同的方向進行，即便那個生態系統（比如前面提到的森林）本身根本沒有變化。達爾文提出的這個觀念，叫做「演化趨異理論」。

達爾文現在充滿了自信，他認為自己的理論完成以後，禁得起那些研究同僚的嚴格審視。此時他的聲望還不錯，不會有人質疑他是個業餘人士。

飄洋過海的植物

如同許多博物學家，達爾文很好奇植物究竟是怎麼移居到孤立的海島上。一株原本生長在某個國家的植物，後來卻跑到幾百或幾千里外的島上生長，而且還不是人類移植過去的。達爾文猜測，一些種子之所以能飄洋過海，要不是它自己漂過去，就是卡在某塊漂流木上面跟著過去。達爾文是第一個進行實驗，想看看種子泡在海水裡多久之後仍能發芽生長。他證明即使大多數植物無法在鹹水環境裡頭活太久，卻還是有些種子可以飄洋過海，落地生根。現在我們要根據達爾文的構想進行一個小實驗。

你需要——

◆ 一個杯子或是碗

◆ 鹽巴　◆ 泥土

◆ 好幾種種子（用豌豆、黃瓜、小紅蘿蔔、四季豆或是蘆筍的種子比較好）

◆ 準備幾個小花盆，或是空的優格盒子，底部要記得打洞

拿杯子或碗裝水，撒入足夠的鹽巴，直到水嚐起來鹹鹹的，大約是240毫升的杯子放入一茶匙（5毫升）的鹽巴。每一種種子丟兩至三顆到鹽水裡。有些種子可能會浮起來，有些會沉下去。讓種子泡在鹽水裡大約兩天左右，代表這些種子是在海中漂了兩天才到達島上。

泡過鹽水之後，把種子種到不同的小花盆裡。

把小花盆（或是優格盒子）裝滿泥土，然後拍平。種子全都在鹽水裡泡了兩天之後，再一一分別種到花盆裡，並且幫盆子做好標籤，寫上每一個種子的名稱。把種子壓到土壤裡面大約6釐米深的位置之後，輕輕把土填平。花盆要放到有太陽的地方，花盆底下最好再放一個小盤。一開始要幫花盆澆水，讓土溼透，接著每天噴一點水讓土壤保持溼潤（但不要太溼軟），等待種子發芽。根據種子特性不同，有可能要花兩天到兩週的時間才會發芽，你可以先看一下種子外包裝上的說明。有多少顆種子發芽了？全部？一個都沒有？只有一些？鹽水有沒有弄死它們？有可能只有一顆小種子飄洋過海，抵達小島，然後成功的落地生根，成為那個小島上的新植物，等到發展成熟之後，再落下種子繼續生長。

1855 年的一整年，達爾文為了撰寫那個理論的定稿，進行了很多實驗來為自己的理論提供佐證。首先，要看看種子能否漂流過海抵達孤立的小島，或是很偶然的由小鳥夾帶到某個島上。他獲得的結果是混合性的，但也證明了孤立在海洋中的島嶼，的確有可能靠著這種方式而成為植物生長茁壯的地方。

　　他也開始飼育鴿子，他想證明人工選擇也能產生新的鳥類，而且能跟牠的祖先長得完全不一樣（養鴿子是當時英國非常流行的一種休閒嗜好。）

　　達爾文只對親近的朋友提過自己的理論，這當中包括了虎克與韓斯洛。他們認為這個理論很有趣，但是需要看過所有的證據之後才能真正接受。1856 年，達爾文終於把更多細節說給萊爾聽，萊爾變得對這個理論相當感興趣，還拜託達爾文就這個主題寫一篇論文，愈快愈好，以免有人偷了他的絕妙點子。

　　達爾文再沒有藉口逃避了。從他在 1856 年跟朋友提到這個理論開始，一直到 1857 年，他日以繼夜不停的撰寫他的「大作」，而且他已經想好這本書要取名為《天擇》。照例，達爾文的這個計畫很快又失控了。他愈寫愈多，計畫變得愈龐大。他花了好幾個月寫第一章，又發現他還需要多寫兩章來解釋前面的內容。整個情況簡直是藤壺研究噩夢再度上演——永不完結的研究。到底要花多久呢？四年？八年？還是更久？

　　在 1858 年 6 月 18 日這一天，達爾文竟然收到令他大感震驚的消息。

漫畫家嘲諷猿模仿人類
行為的想法。

Chapter 5

人類理解的轉捩點

令人震驚的包裹

從幾年前開始，達爾文就一直跟傑出的年輕博物學家華萊士保持聯絡。華萊士當時正在熱帶的荷屬東印度群島（現在是印尼的一部分）旅遊。回英國後，他會販賣自己收集的一些稀有動物標本，達爾文也跟他買過。他們的關係還不錯，偶爾會通信討論交換的想法，是朋友之間以科學為主題的閒聊。

6月18日，達爾文收到一份華萊士最新寄來的包裹。他拆開時，根本沒想過裡面裝的是什麼。裡頭是華萊士的論文，以及一份詢問達爾文對這篇論文有何想法的小字條。論文的標題是〈論變種永久自原型脫離的趨向〉。達爾文閱讀這篇論文，眼睛睜得老大，他的心跟著一沉，甚至覺得有些暈眩。華萊士想出了跟達爾文一模一樣的理論！蛻變、天擇、趨異──幾乎跟他想

得一模一樣，每一個論點都符合！不止如此，華萊士還把他的理論寫得更清楚。達爾文瞬間感覺自己的世界要崩潰了。就在達爾文拖拖拉拉了二十年之後，他覺得自己被這個去過某個遙遠叢林的年輕後輩給打敗了。

　　過了許多年之後，人在熱帶地區的華萊士躺在病床上，回憶起當年他論文中的那些想法是怎麼產生出來的：「有一天，某些事情讓我想起十二年前曾讀過的馬爾薩斯《人口論》。我想到他仔細說明關於『積極的抑制』——疾病、意外、戰爭、飢荒……接著，這讓我想到那些因素與相關情況也會發生在動物身上……我想到了一個問題，為什麼有些動物會死？有些卻能活下來？……突然一個念頭跳了出來，這種自發過程必然會改進整個物種，而每一世代中，較差的個體無可避免會遭到淘汰，較強的個體則會存活下來——這就是適者生存。」毫無疑問，華萊士得出了與達爾文一模一樣的結論，而且他們都受到了馬爾薩斯的啟發。同樣毫不意外的，華萊士也讀過萊爾的《地質學原理》與達爾文的《小獵犬號航海記》。

　　對於這樣的結果，達爾文應該不會感到驚訝才對。華萊士在之前的通信中，暗示過他想到了一個驚人的重要觀念，而且三年前華萊士才出版過一份論文〈控制新物種形成的定律〉，有部分關於演化的推論，跟達爾文的想法很類似。萊爾讀過那篇論文，並且立刻告訴達爾文他也該讀一讀。萊爾說，演化論眼看即將問世，達爾文應該要盡快出版他自己的版本。但是達爾文忽略萊爾的提醒，似乎一點也不擔心會有其他人把他的理論搶先發表。

折衷方案
······················

　　現在，達爾文望著自己那堆寫到一半的手稿。他該怎麼辦？所有的心血都要白費了嗎？科學家都非常努力想成為第一個發表新觀念的人。取得這個「優先地位」，意味著你是靠自己發現這套理論的。讀過華萊士的論文之後，達爾文無法宣稱自己是第一個想到這套理論的人。即便他現在立刻把書寫完立刻出版，人們也會認為他是抄襲華萊士的觀念。達爾文一直以為自己能夠不在意這種事，畢竟一個真正的科學家紳士是不會在意搶先發表這種虛名。他發現自己其實很在乎，這讓他感到相當羞愧。「我真可悲，竟然這麼在乎發表的優先地位！」他如此寫道。

　　那一天，他寫信給萊爾，並把華萊士的論文也一併寄過去，拜託萊爾給他意見。

　　萊爾詢問了虎克。他們決定提供一個「符合紳士風格」的折衷意見：他們要把華萊士跟達爾文的論文一起帶去林奈學會，這是英國一個地位相當崇高的科學家社團。兩篇論文同時發表在林奈學會的期刊上，如此一來，兩位博物學家就能夠同時獲得肯定。虎克跟萊爾請達爾文將一些他所寫的關於演化的論文寄去。

　　他們給的期限短得可怕。偏偏在這個時候，達爾文與艾瑪最小的寶寶查爾斯二世才剛剛因為猩紅熱過世，達爾文傷心到寫不出任何東西來。所以他只寄出一封信的副本，那是幾年前他寫給美國知名植物學家格雷的信，內容

華萊士，在新加坡。

華萊士

華萊士這個名字將會永遠跟達爾文連在一起，因為這兩位博物學家都發現了經由天擇而產生物種演化的理論。然而，兩人卻是來自完全不同的社會階層。達爾文出身富裕家庭，華萊士的家境很窮，而且他一輩子都很貧窮。1823 年，華萊士出生於威爾斯的阿斯克（離達爾文出生地士魯斯柏立只有約 129 公里遠），他從小是在工匠與工人堆中長大的。十四歲起，他就靠著當測量人員來養活自己。他所有的知識完全是自學，因為他從來沒有念過高中或是大學。

儘管華萊士跟達爾文在生活上有這些差距，他們倆一生中卻有很多驚人的相似之處。跟達爾文一樣，華萊士也是在威爾斯鄉間健行期間開始對自然史產生興趣；跟達爾文一樣，他也是個甲蟲收集者。而且兩人都讀過萊爾、洪堡與馬爾薩斯的書，也都對宗教信仰產生高度懷疑。

就像達爾文曾做過的一樣，華萊士也曾搭船前往南美洲收集自然標本。但是在 1852 年從巴西回來的途中，他們的船沉了，華萊士花了四年收集到的標本也跟著船一起沉到大西洋了。華萊士在求生小艇上待了十天才被救起來。這場災難讓他失去了一切，全部都要重頭開始。

後來他又前往馬來群島，那是熱帶荒野之地，位在現今印尼與馬來西亞之間。他在那裡待了八年，就靠收集轉賣珍稀動物標本給在英國的博物學家（像是達爾文）過活。華萊士花了不少年仔細研究動物標本，想找到物種的源起，而他待在叢林的期間也寫了好幾篇關於這個主題的論文。他知道自己寫給達爾文的信裡頭包含了很重要的觀念，只是他還不知道那些觀念有多重要。

1854 年，華萊士啟程前往南海遊歷的這時，他不僅默默無名，而且還

破產了。但是，1862 年華萊士重回英國的時候，他已經成了全國最有名的人物，而這一切都要拜演化論引發的爭議所賜。不過，他仍舊是一個破產的人。雖然如此，他一點也不介意在論文發表上達爾文搶盡了鋒頭。華萊士認為達爾文的確值得大家推崇，因為達爾文做了非常多工作，提供所有足以支持演化論成立的證據。

反正後來華萊士轉而研究另外一個觀念。他投入了唯靈論的領域，也就是認為活著的人可以跟死者的靈魂產生聯繫。華萊士也相信火星上有生命，以及英國應該成為一個人人共享所有資源的大型公社。他始終源源不斷產生許多有趣又奇怪的觀念。但是這當中只有一個新觀念讓他的名字永遠為人紀念──至今他始終因為是演化論最早的發表人之一而備受尊榮。

是關於他的理論，大致上跟他在 1844 年寫的論文差不多。這樣的話，至少大家可以看到是達爾文先想出這個觀念的。

1858 年 7 月 1 日，萊爾與虎克在林奈學會誦讀兩人的論文，達爾文與華萊士兩人都沒有到場——華萊士還在荷屬東印度群島，達爾文則是因為生病與哀痛而無法離開家。這場會議在沒有他們到場的情況下進行。論文發表過後，「每一個人」都知道了透過天擇而產生演化的這個理論。

但是他們真的懂了嗎？

參加這次會議的只有三十人，而且當天有太多別的講座，會議又進行得太久，所以到最後每個人都覺得很無趣，只想趕快回家。大家對這兩篇論文沒有留下太深刻的印象。事實上，林奈學會的主席後來還表示：「過去這一年真的沒有什麼值得一提的驚人發現，這代表科學部門並沒有什麼徹底的變革。」他這話真是錯得離譜！

華萊士還不知道發生了什麼事情。達爾文則是很緊張，擔心華萊士會氣他們未取得他的同意就發表他的論文，而且達爾文還宣稱自己是華萊士這個新理論的共同作者。但是當華萊士得知這件事，他反倒非常高興。1859 年 1 月，他寫信給達爾文，說他一點也不生氣，反而很開心自己的論文得以有機會出版。他不屬於倫敦那批菁英科學家的一分子，若非達爾文跟萊爾的幫助，他的論文永遠不可能有機會出版，他也很高興自己的名字能永遠跟達爾文這樣的大人物並列在一起。要是其他的科學家早就彼此嫉妒，或是吵起來了，但是華萊士跟達爾文兩人終其一生都是互敬互愛的好朋友，誰也沒跟對方說過什麼難聽話。

華萊士晚年。

格雷。

不趁現在，就永遠沒機會了

虎克寫信給達爾文，說既然他的理論現在已經對大眾公開了，就應該要趕在其他人又寫出什麼之前，快點寫一份演化論論文定稿。虎克說，達爾文透過他交給林奈學會的這份資料太過雜亂了。

達爾文有些不悅的答應寫一份簡短摘要，談談他那本只進行到一半的「大書」，介紹一下天擇理論。完成這個大計畫還要很久的時間，但是現在，至少可以先寫一份摘要，扼要的介紹這個理論。他希望摘要不會超過 30 頁。

在整理他的手稿和那份值得一生投入的筆記之後，他很快便發現自己想說的根本沒辦法濃縮在 30 頁的篇幅裡。即使只是一份摘要，也會遠遠超過 30 頁。正當達爾文一個月又一個月忙著寫論文，虎克告訴他，目前為止人們對他在林奈學會上發表的那篇論文大致持正面看法。達爾文終於放心了，他根本沒必要那麼緊張，也許大家都會喜歡他的理論。

不過，因為《自然創造史的遺跡》那本書讓他非常憤怒，他更強烈批評書中論點欠缺事實佐證，所以他自己的書一定要有非常高的可信度。而且，華萊士的論文比較偏向推論猜測，雖然他提出了與達爾文一樣的結論，但是他的論文太短，以致缺少了事實與證據的佐證。達爾文想讓自己的這本書遠遠超越華萊士所寫的那些內容，他快馬加鞭的寫了又寫，盡量觸及天擇的各個層面，盡量在最短時間內列出最多的事實來佐證他的想法。

1859 年 5 月，達爾文完成了。他原來預計的 30 頁膨脹成了 500 頁！這

樣的篇幅根本無法放進期刊裡，必須單獨出版成一本書。

出版商默里之前出版過達爾文的《小獵犬號航海記》，他同意幫忙出版這本新書。達爾文擔心這本新書的銷量不會太好，出版商可能會賠錢，但是默里向他保證，一本充滿爭議的書通常都會大賣，就算不是大眾關注的話題也是。

達爾文在艾瑪與眾多朋友的幫助下，又花了幾個月的時間修改校對草稿。他們在 10 月份完成了工作，並且把書送去印刷，這時已經不能回頭了。達爾文對於多年的寫作生活感到十分疲憊，而且也很擔心人們會嘲笑他的新理論，於是他決定去度個短短的假期。他前往約克夏伊爾克利的一間健康療養中心，在那裡休養直到他的書出版為止。他打起精神，預備面對可能出現的爭論。他還是很害怕評論者會對他這本書寫出負面評價，或是這本書會惹怒一些人。但他完全沒想到這本書會掀起滔天巨浪，幾乎要天翻地覆了，而且還徹底改變人們看待世界的觀點。

風暴開始
· · · · · · · · · · · · · ·

1859 年 11 月 24 日這天，達爾文出版了《論處在生存競爭中的物種之起源（源於自然選擇或者對偏好種族的保存）》。首刷一共 1,250 本，瞬間就被狂熱的購買者搶光。出版商默里立刻又加印了 3,000 本。這個數字在今天看來不算什麼，但是在 1859 年，任何一本書能在短時間內賣出那麼多本，就稱得上是一本暢銷書了。最後那本書共出版了 6 刷。達爾文欣喜若狂，他原本

艾瑪一直幫忙編輯與校對丈夫的手稿。照片中是她與兒子里奧納德。

ON

THE ORIGIN OF SPECIES

BY MEANS OF NATURAL SELECTION,

OR THE

PRESERVATION OF FAVOURED RACES IN THE STRUGGLE
FOR LIFE.

By CHARLES DARWIN, M.A.,

FELLOW OF THE ROYAL, GEOLOGICAL, LINNÆAN, ETC., SOCIETIES;
AUTHOR OF 'JOURNAL OF RESEARCHES DURING H. M. S. BEAGLE'S VOYAGE
ROUND THE WORLD.'

LONDON:
JOHN MURRAY, ALBEMARLE STREET.
1859.

《物種起源》第一版的書名頁。

還以為這本書會徹底失敗。

不過比起銷量，達爾文更在意的，是眾人是怎麼看待他的理論。他已經盡他最大的努力，用短短 14 個篇章一一陳述他的理論。頭兩章是介紹人工飼育與野生物種所造成的巨大變異；接著他介紹天擇的法則；之後，他試著說明這個理論有什麼缺失，好比缺少了過渡形；第 7 章開始延申說明演化不僅發生在物種的外型上，本能與行為也會演化；在他揭開遺傳之謎前，他又花了幾章的篇幅分析地質與地球年齡；他最後還花點篇幅說明，物種之間的相似性往往指出了物種之間的關聯性。他一步步帶領讀者詳實討論每個主題，希望能藉此減少誤解，讓讀者真的明白他想說明的重點：天擇以非常多樣的方式進行，並且是經過很長的時間，物種才會產生演化。他在書中提出非常多的事實與證據。

這樣是否能讓每個讀者都明白呢？這樣說會不會太荒謬呢？他第一批詢問的人，其中之一就是他的朋友赫胥黎。兩人雖然幾年前才認識，但很快就成了好朋友。赫胥黎是在倫敦教書的科學教授，也是一位資歷豐富的博物學家，他非常能接納演化論的觀點。但是實際上這兩位好朋友的個性卻是大不相同：達爾文被動、害羞又容易遲疑不定；赫胥黎卻是大膽、聲音洪亮又毫不畏懼。達爾文的書一出版，他就馬上寫信給達爾文：「還沒有哪一本我讀過的自然史書籍能如此令我印象深刻……我想你證實了物種產生的真正原因。」他要說的不只如此，他還宣告要為《物種起源》辯護，他說：「我準備好要上陣了。」換句話說，他願意不計一切來面對眾多批評者。赫胥黎繼續寫道：「若非我完全搞錯，不然應該有很多辱罵跟曲解在等著您，但我相信您不會為

此感到厭惡煩惱……您要把您的朋友召集起來，好歹他們是能在論戰中出來挺身捍衛您的。我也已經磨好我的爪跟牙，準備迎戰了。」這話完全超過達爾文預期，因為他是個非常害怕辯論的人。如今竟然有人願意挺身而出，幫忙捍衛他的理論！

　　朋友與同僚一個接一個寫信給達爾文。虎克多年前就知道這個理論的存在，如今更是樂見這本書的誕生；雖然萊爾還是對於天擇有些意見，但也給予盛讚；伊拉斯謨斯來信說：「這是我讀過最有趣的一本書。」

赫胥黎。

辯論戰線

　　然而，並非每個人都樂見這本書問世。塞奇威克，一開始教導達爾文成為地質學家的那位教授，就相當氣憤。塞奇威克相信演化論是一條通往地獄的路。針對書中部分內容，他說自己是「帶著絕對的哀傷閱讀，因為我認為那些內容完全錯了」。更多的抨擊快速到來。費茲羅船長一直是相當保守的基督徒，他就相當憎恨這本書，也很後悔當初不該帶達爾文上小獵犬號。達爾文看到兩人寄來的信就已經夠難過的了，更何況塞奇威克跟費茲羅還在報紙上寫文章抨擊那本書。

　　論戰幾乎立刻畫分了界線。英國大部分思想自由的知識分子都擁護《物種起源》，認為這本書是科學上的一大突破；然而保守的教授、教會領袖以及上流社會的貴族都嚴厲予以抨擊。每次雜誌上一出現惡評，達爾文的支持者

就會發現一篇好評來對抗。英國最受敬重的科學家歐文，他曾親自檢查過達爾文從南美洲帶回來的化石，但是在 1860 年 4 月，歐文卻寫一篇極具破壞力的評論。達爾文看了以後非常難過，他本以為歐文是他的朋友，但沒想到再也不是了；《物種起源》這本書似乎有種奇怪的力量，會讓大家選邊站。從書中的字裡行間就有這股訊息透出來，強烈到難以忽略，讓人要不是憎恨它，就是熱愛它。

雖然如此，在大約過了六個月之後，針對《物種起源》的爭論還只僅限於課堂上。1860 年 6 月 30 日，這個爭論達到了沸點。這一天英國科學促進學會在牛津舉行，謠言盛傳這個鬧得沸沸揚揚的重大爭議，將會在這次的會議中有個定論。數千的人，包括很多記者、政治人物都跑來參加，想看看這次討論會擦出什麼火花。

不出所料，達爾文「病得太嚴重」，所以無法出席。其實他是沒法承受那當中的衝突張力。赫胥黎摩拳擦掌準備代替達爾文上場辯論。

韋伯佛斯主教是神職人員的領導者，也是英國公認最令人喪膽的雄辯家，他這次站出來就是為了要審判《物種起源》這本書。他的演說引發群眾激憤。他宣稱這本書簡直荒謬透頂，是褻瀆上帝！是對科學與宗教的雙重汙辱！群眾大聲叫喊贊同他的主張。沒人能像韋伯佛斯這麼會演講。在他坐回座位之前，他轉向赫胥黎，問他：「您究竟是通過祖父還是祖母繼承了上一代猴子的血統？」如此高明的譏諷引來滿堂哄笑。

但是主教大人太低估他的對手了。在簡短彙整了韋伯佛斯的評論之後，赫胥黎轉向主教說：「如果要問我，究竟想要一隻可悲的猿當祖父，或是要選一

個人，他明明是受自然孕育、身負崇高目的與影響力，卻把能力發揮在引導一場嚴肅科學討論會變成嘲諷奚落大會——那我毫不猶豫會選猿當祖父！」赫胥黎大大扭轉了局勢，把可憐的老韋伯佛斯壓了下去。在場觀眾也歡聲雷動。

去看猿

維多利亞時代的倫敦人最受不了別人說人類的祖先可以追溯到猿猴。但去過當時新開放的倫敦動物園，看過那裡展示的猿之後，人們不得不承認那種動物真的很像人。

你需要——
◆ 鉛筆　◆ 紙

選個距離最近的動物園，安排一趟動物園之旅。（如果你家附近沒有動物園，看看或是租關於猿的紀錄片錄影帶或是 DVD。）找一個視野最好的觀察地點，仔細看看黑猩猩、大猩猩或是紅毛猩猩。觀察牠們幾分鐘（或幾小時），試著留意牠們所有跟人類相似的表現與動作。將猿與人類的相似點列舉記錄下來。例如，身為母親的猿和人類都喜歡把寶寶輕輕抱在懷中。

不要只是描述外觀，還要仔細敘述那些行為。現在，再另外拿一張紙寫下猿跟人不一樣的地方，例如，猿全身覆有毛髮、牠們不會說出完整的一句話等等。

觀察完成之後，看看自己列出的項目。哪一張的項目多？猿跟人類非常相似嗎，還是非常不同？你覺得我們和猿有關聯嗎？

從猿遺傳而來的？

這場科學研討會立刻炒熱了議題。沒多久，全國的報紙與雜誌都針對這次辯論做出評論，表達他們支持或反對演化論的立場。達爾文已經很努力避免在書中提到人類與猿類，但眼下的情況已經控制不住了。赫胥黎和韋伯佛斯讓猿成了論戰的焦點。人類真的只是高等一點的猴子嗎？一位出身貴族的淑女總結了英國菁英階層的想法，她說：「人類是從猴子演化而來的嗎？老天！希望這不是真的——就算是真的，也希望別讓太多人知道啊。」

在純屬巧合的情況下，一名叫保羅‧桐謝呂的探險家在演化大辯論過後幾個月來到倫敦，他帶來了最新消息，他在非洲發現了一種動物——大猩猩。當時英國完全沒有人看過這種動物。他講述誇張的驚險故事，說到憤怒的大猩猩如何攻擊人類，並且展示他帶回來的大猩猩毛皮。每個人都在想：「我們就是從這些猿演化來的嗎？」達爾文的「猿理論」傳得沸沸揚揚。許多雜誌刊登穿禮服的猿的諷刺漫畫，還把頭換成了達爾文的頭像——任何能令人吃驚以致情緒起伏激昂的東西，都有助於提高雜誌銷售量。

達爾文還是躲在自己的唐恩小築，每個禮拜寫十幾封信，向那些還願意好好聽他說明的人解釋自己的想法。但他無法面對公眾。他把對公眾說話的事情留給那些與他比較親近的同僚，像是赫胥黎、萊爾、虎克和格雷。他們在英國與世界各地奔走，努力不懈的傳播「達爾文主義」。赫胥黎甚至被稱為「達爾文的看門狗」，因為他在每一場辯論中都強力捍衛演化論。

以前，從來沒有人在英國見過大猩猩。

赫胥黎，綽號「達爾文的看門狗」。

　　儘管他們這幫好友如此忠誠又努力，但事實上赫胥黎與萊爾並不是完全贊同《物種起源》裡面提到的每件事。他們還是有自己的想法，並非盲目的追隨達爾文。書中還有細節需要做些調整，論點也還需要澄清。達爾文的書只是一個起點；赫胥黎比其他人更清楚，比起單一位作家或是一本書，演化論更龐大。它是科學的新分支。

　　達爾文仍舊相當敏感。他害怕圍繞著《物種起源》的辯論會讓社會產生分裂，而且他聽了太多對他的批評，所以，他很快就展開《物種起源》的修訂工作，預備出版第二版。他一點一點把論點調整得更迂迴，希望盡量別惹人們生氣。到了這本書的第六個版本，他的論理就不再那麼有力了。他修改很多字眼，甚至改到有點自我矛盾了。他應該更有自信一點，如今專家們一致同意，第一版的內容是最棒的。

漫畫家嘲諷動物模仿人類行為的插圖。

數數看，一共有幾代

1654 年，愛爾蘭主教烏雪透過《聖經》記錄的世代來換算地球的年紀。烏雪的計算非常困難，因為許多《舊約》記載的族長，好比諾亞與瑪土撒拉都活了好幾百歲，而且還在他們非常老的時候才當上父親。烏雪推斷世界是在西元前 4004 年 10 月 23 日創造出來的。

我們現在知道他的答案是錯的——錯得超乎他想像得離譜。地球不只六千多歲，甚至還超過四億歲。整個宇宙更是比這個數字還要更老。

但是，萬一烏雪主教是對的呢？

你需要——

◆ 鉛筆　◆ 紙

讓我們假裝烏雪主教說對了：世界真是在西元前 4004 年誕生。在這個條件下，到目前為止已經有幾代人出現了呢？

直至非常近代的歷史，女孩通常都是在青少年時期就結婚了。歷史學家說，平均而言，女孩大概是十五歲結婚，並在十六歲的時候生下第一個寶寶。這代表大概每十六年就會產生一代人。

拿起你的紙遮住本頁最下方（以免你先看到答案！）

首先要算從西元前 4004 年到現在已經有多少年，把答案寫在紙上。你是怎麼算出來這個數字的呢？

現在你可以開始算到底有多少代了：如果每一代相差十六年，那麼從西元前 4004 年到現在已經有多少代呢？把你的答案寫下來。你是怎麼算出這個數字的呢？

現在可以把這一頁反過來看，看看正確答案是多少。

直到達爾文的年代，烏雪主教的日曆都被大家認為是真實且正確的，甚至有些版本的《聖經》還收錄了他的算法。

答案：其次把 4004 加上今年的數字，會得到一個接近總長達 6000 年的數字，我們再看有多少代。再除以 16，答案會讓接近 375 代。（舉例：到 2017 年，答案應該是（4004＋2018）/16 = 376.375 代）

133

所有生物之間都存在著變異性。這些貝殼化石都是同一個物種，但是每一個貝殼卻又都長得不一樣。

Chapter 6

讓世界天翻地覆的觀念

達爾文的演化論

雖然對於「達爾文」與「演化論」大家都耳熟能詳,卻鮮少有人能真正了解達爾文的演化論到底是怎麼回事。這一章將會用大家能了解的方式來解釋。在徹底理解演化論之前,你需要先知道幾個關鍵概念:

變異

世界上沒有哪兩個生物長得完全一模一樣。如果你有兄弟姊妹,可以看看他們,拿你自己跟他們比較一下。家裡的孩子是不是都一樣高?鞋子的尺寸都相同嗎?鼻子的形狀都一模一樣?是不是有些孩子比其他幾個更聰明?或是某幾個跑得比較快?是不是有些很勇敢,有些卻很害羞,或是有些比其他手足更溫柔?你觀察得愈仔細,就會發現愈多不一樣的地方。儘管你跟兄弟姊妹都是同一對父母生的,也不代表你們會完全一模一樣,對吧?

每一個人或是動物都有繼承自父母卻又全然獨特的基因組合。就像雪花，沒有哪兩片雪花完全長得一模一樣。小動物們看起來都很相像，但是只要仔細觀察，總是會發現一、兩個地方不太一樣。兩種相似物種彼此之間卻有不同之處，即稱作「變異」。

變異的生物學原因直到 20 世紀、達爾文過世許多年之後才被發現。但是，就像達爾文，我們不需要成為遺傳學專家，也可以知道變異一直在發生。只要用你的兩隻眼睛觀察變異，就這麼簡單。

遺傳力

你有沒有注意過孩子總是長得跟他們的父母很像？但沒有人會長得跟他們的父母完全一樣。你媽媽是不是有兩隻手臂、兩條腿、兩隻眼睛、一顆頭、十根手指、一張嘴以及一個腦子？這些你也都有。如果你父母鼻子很大，妙的是你也會有個大鼻子；如果你的父母皮膚是棕色的，你也會是棕色皮膚；如果你的父母不高，你很可能也長得嬌小。這個準則放在每一個家庭都成立。

這還不只適用在人類的家庭。暹邏貓總是會生下暹邏小貓咪，牠是不可能生下小狗狗的，也不會生出短吻鱷魚，或是生出不同品種的貓。雖然顯而易見，這件事在演化上卻非常重要。即便最小的特徵也會從親代遺傳給子代。這個狀況我們稱為「遺傳力」。如同「變異」，實際上引起遺傳力的生物學原因，一直到達爾文去世後才有人發現。即便如此，農夫、動物飼育者，以及全世界各地的父母都知道，遺傳力是所有物種最基本的一項特徵。

繁殖過度

在自然界，所有動植物都會大量繁殖下一代，數量遠超過能生存下來的。舉個例子，一對成年的兔子，平均來說，雌兔一胎能生下 4 隻兔寶寶，每年生產 5 次。（還有很多種類的兔子能一年生下更多胎，超過這邊提到的平均數字。）一年後，這對兔子父母就會有 20 隻兔寶寶（每胎 4 隻 × 每年生 5 次）。如果其中有一半（10 隻）是雌兔寶寶，這 10 隻年輕的雌兔長到大概差不多六個月後，牠們又會開始生下自己的後代。又一年過去，這 10 隻雌兔會各自有 20 隻兔寶寶——10 隻雌的，10 隻雄的。現在大概至少有 200 隻兔子（10 隻雌兔媽媽 × 每隻各有 20 隻兔寶寶）。然後再過一年，這裡頭的 100 隻雌兔又會再生下 1,000 隻雌兔寶寶。然後是 10,000 隻，再來是 100,000 隻，以此類推，十二年之後，就會有超過一兆隻兔子。要不了多久，整個世界就會到處都是兔子。

現在試著想像一下：每一個物種都有個體數過多的情況，青蛙、山羊、蜜蜂、魚、孔雀，以及上百萬種其他的動物，都是這樣。關於生物會繁殖更多下一代，數量超過實際能活下來的這個傾向，稱為「過度妊娠」。要是出生的每一隻動物寶寶都活下來，那麼每一平方公分的土地上都要塞進無數的動物，同時每天還會持續不斷有上百萬隻動物繼續生出來，沒完沒了。

但是顯然目前情況並不是這樣，所以，那些生下來的動物都到哪去了呢？

地球的年紀

在達爾文的年代，沒有人知道地球到底是幾歲。有些人認為地球只有六千多歲，也有人認為或許地球有三萬歲，或者是十萬歲。但是從 19 世紀地質學與古生物學的發現看來，地球的年紀遠遠超過那些數字——至少有百萬歲。達爾文知道演化要經過很長時間才會發生，所以他很在意要如何證明地球存在的時間。

其實用不著擔心這點。直到 20 世紀，科學家才首次以非常複雜的技術精準測量地球的年紀。我們目前知道的是，地球大約存在有四十五億年了！比起達爾文那個年代算出來的結果，這個數字多了幾百倍。然而這樣才有足夠的時間進行演化。

環境變遷

通常大多數城市與國家的氣候都跟前一年一樣。在鳳凰城，每年夏天都非常熱；在明尼蘇達，每年冬天都會下雪。氣候模式大致上維持一樣的變化，至少在一個個體一生之中所經歷到的都差不多。

然而，拉長時間來看，地球的溫度與環境卻是經歷了非常非常多的變化。很多年以前，撒哈拉沙漠曾經長滿了植物；夏威夷那時還不是座島嶼，它還沉在水底下；在冰河時期，許多歐洲與北美洲的土地都埋在冰雪之下。綜觀地球的歷史，氣溫以不同的方式來回擺盪多次，現在也持續擺盪著。近年來整個地球變得愈來愈熱，氣象學家預測一百年之內，美國（以及其他地

自製地質層

早期的地質學家是透過仔細檢視懸崖峭壁上暴露出來的地質層結構，證明出地球至少有上百萬歲的年紀。這個證明地球年紀的證據同時也是人們接受演化論的重要因素之一，因為動物需要很長時間才能進行演化。在你家附近大概不容易找到可以看見地質層的地方，但是你可以製作自己的地質層，而且只要用你家後院或是廚房找得到的東西就可以製作。

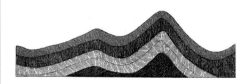

你需要——
◆ 一個有蓋的玻璃罐子，最好能把罐子外的標籤能清乾淨。
◆ 幾個塑膠杯或是紙杯。
選擇 5 至 8 個以下的物品：
◆ 黑色泥土　◆ 淺色泥土
◆ 沙子　◆ 壓碎的乾樹葉
◆ 黑色礫石　◆ 淺色礫石　◆ 小石頭
◆ 乾的或是壓碎的水泥粉末
◆ 熟石膏粉　◆ 鹽巴　◆ 麵粉
◆ 小通心管麵或是壓碎的麵條
◆ 即溶咖啡粉　◆ 糖
◆ 乾豆子或是小扁豆
◆ 沖泡巧克力粉
◆ 沒有爆開的爆米花
◆ 壓碎的早餐穀片

把上述這些材料放到不同的杯子裡，按照物品的顏色深淺把這些杯子分成兩類（好比把麵粉、淺色泥土、爆米花跟沙子放一邊，其他深色材料放另外一邊。）確定是否把瓶子上的標籤移除了（也要把黏在上面的殘膠清理乾淨），而且瓶子裡面要保持乾燥。瓶子愈高，地質層會看得愈清楚。

一個接一個慢慢把杯中 1/4 的材料倒進玻璃瓶裡，要淺色與深色的交替倒入。倒入時，不要讓瓶身傾斜，也

不要搖晃瓶子。維持每一層的厚度大約在 12 至 25 公釐之間。如果倒入的時候，那一層不平整，可以輕輕拍一拍瓶身側面，也可以用手指或湯匙將表面鋪平。每一層不一定要同樣厚。每一種材料至少都要用一次，然後再從第一次放入的材料開始輪。記得要深淺交替的放入。

快放完之前，記得把最後一層的材料放到瓶口的高度，這樣才能讓整個瓶子沒有絲毫空隙。把瓶子的蓋子扭緊。現在你有個人的地層小罐了。仔細觀察每一個層次，想像裡面裝滿了化石、礦物以及地球神祕的遺跡。

如果你的地層小罐裡頭有化石，最古老的化石會在哪一層發現？為什麼？如果一位古生物學家拿兩個不同地層發現的化石來比較，古生物學家會怎麼說較低那層發現的化石？

方）的天氣會跟今日有很大不同。

　　達爾文知道對他的理論來說，環境改變是很重要的因素。每一次環境產生變化，生活在那個環境當中的生物就需要調整適應，才能存活下來。

透過天擇而來的演化：解釋達爾文理論

　　達爾文花費多年時間思考變異、遺傳力、繁殖過度、地球的年紀以及環境變遷。他試著了解物種的起源。有一天，拼圖的最後一片就這麼出現了。

　　這是非常驚人的創見：每種動物生下的後代數量會超過實際能存活的，多數動物寶寶會夭折，如果不這樣，地球上早就塞滿了各種動物。但牠們是怎麼死的呢？有些是被掠食者吃掉；有些是餓死的；有些是因為生病而死。有些能夠長大，卻因為找不到交配對象而無法產下後代，只有少數一些能夠順利長大，並且生育下一代。

　　但是為何有些會死去，有些卻能夠存活呢？存活下來的究竟有什麼特別？牠們只是比較幸運嗎？達爾文知道，答案就在那些物種成員之間的變異性裡頭。每個物種裡面不是每一隻動物都長得一模一樣，而擁有某些特徵的動物能夠躲過掠食者、覓得食物或是找到交配對象，也因此牠們能比缺乏這些特徵的手足活得更久。只有最能夠適應環境的動物，才能存活得夠久，長大成熟。那些虛弱、動作緩慢或是不夠聰明的動物則會死去。達爾文稱之為「天擇」，人們往往喜歡稱為「適者生存」。

少數存活的動物能夠長大成熟，孕育下一代。基於遺傳力，牠們的後代會跟適應良好的親代很相像。由於這些父母身上通常都具備了最能適應環境的特徵，就會把這些特徵傳給後代。這麼一來，所有不良的變異特徵就會消失，有用的變異特徵就會傳遞下去、散布開來。達爾文稱這是累世修飾。

但是萬一動物生存的環境改變了呢？有助於動物生存下來的特徵就不見得還會保持一樣了。經過幾代之後，新的、不同變異特徵的動物生存下來，牠們又會把新特徵遺傳給後代。環境變化愈多，就會有愈多物種產生改變，這樣牠們才能適應新環境而活下來。

達爾文知道只要時間夠長，一個物種可能會累積相當多的改變，以致變得跟原來的物種很不一樣。達爾文稱這個過程是透過天擇而來的演變。因此，能夠讓一種物種轉變成另外一種物種的條件，就是時間——在數不清過了多少代之後，為了適應環境的動物就這樣一點一滴改變了。就他的調查所知，地球確實老到足以讓現存的各樣物種演化成目前的樣子。達爾文認為所有人、所有動物，甚至所有植物都彼此相關。在遙遠的過去，某一時間點一種微小的生物首次出現在地球上，而現在世上所有的生命型態都是起源於這個小小的生物。

所以簡單來說，達爾文的理論就是：

1. *任何生物族群裡都包含了變異；同一物種的所有成員不會全都長得一樣。*
2. *變異會透過遺傳把親代的特徵傳遞給後代。*
3. *自然形成的數量過剩，會使各物種的後代要不斷掙扎才能存活下去。*

在演化過程中，好比狐猴，就變得很會爬樹。狐猴跟人類的相似度很高，牠們的身體構造跟我們很相似。

4. 某些生物個體身上會出現有助於生存繁殖的變異特徵，牠們會活得比其他沒這些特徵的同伴更長久，而且還能繁殖出下一代。

5. 活下來的個體其後代會繼承這些有用的變異特徵，同樣的程序會繼續出現在每一批新世代身上，直到這些變異特徵變成普遍特徵。

6. 當環境產生變遷，活在其中的生物為了適應就會產生改變，以符合新的居住條件。

7. 一段很長的時間之後，每一個物種就會累積夠多的改變，以致牠變成了一個新物種，跟原來的那個物種有相似處，但也有足以區分出差別的相異處。

8. 所有地球上的物種都是這樣出現的，因此牠們有共同的起源。

關於演化論，我需要知道的只有這些嗎？

比起我們現在討論的，演化論還有很多很多其他部分，多到足以讓生物學家開心研究一輩子了。通常，人們對演化論學得愈多，就會產生愈多問題。為了讓你有個開始，以下提供幾個關於演化論常見問題的答案。

演化真的會讓動物的外型有所改變？我能看到這個過程嗎？

要是能看到就太令人興奮了，但答案是不能。演化論不像科幻電影，可以使用特效讓異形生物長出一顆新的頭。要是時間夠的話，演化可以讓一個物種的外型產生改變，但並非發生在個別的動物身上。每一種植物、動物或是人終

進行中的演化：斑點蛾

人們多半認為物種演化要花上很長時間，根本沒辦法直接觀察到。但是有時候我們可以在短短幾年內，實際從大自然中看到天擇進行的狀況。達爾文那時還不知道這點，但是就在他有生之年，英國出現了一個短時間內發生演化的現象。他要是能夠親自觀察到這個現象，肯定會樂翻天了。

英國的北邊有一種昆蟲叫做斑點蛾，牠的翅膀上有許多黑白小斑點。這種蛾偏好棲息在樹上，尤其是白色樹皮或是有偏灰白色調的地衣長在上面的樹。當地的小鳥很喜歡吃這種蛾，只要一發現就會吃掉牠們。但是蛾的翅膀是牠的保護色，黑白小斑點讓蛾看起來就像是那些樹皮或地衣，讓鳥很難找到牠們。

19 世紀初期，這些蛾多半是淺色的翅膀，上面散布著黑白小斑點。有一小部分的蛾會停在深色的樹上，這些蛾的翅膀就偏深色一點。工業革命進行一陣子之後，英國北部的工廠噴出許多煤煙到空氣裡，造成嚴重汙染，不僅僅殺死了地衣，還讓樹蓋上厚厚一層煤灰。這些蛾的生存環境就此改變了。現在變成了淺色翅膀的蛾停在深色的樹上，鳥很容易就發現了，而且馬上吃掉牠們。只有深色翅膀的蛾得到很好的偽裝。牠們躲過鳥的啄食，存活了下來，還能繁衍後代，讓子孫繼承牠們的深色翅膀。那些深色翅膀的蛾慢慢增加了。多年來，博物學家很仔細的研究這些斑點蛾，到了 1900 年，學者們計算出來有98％的蛾都是深色翅膀了。大部分淺色翅膀的蛾都被鳥吃掉了，以致於沒有機會繁殖出跟牠們很像的下一代。透過天擇的演化立刻就能經由觀察發現，而且就發生在距離達爾文出生地不到幾公里遠的地方。

不過，蛾的故事還沒完結。自

19 世紀的英國，空氣汙染比現在嚴重許多。

1950 年代起，英國通過很嚴格的新空氣汙染防治法，限制工廠排放廢氣的量。到了 1990 年代，大部分的汙染都消除了。這樣造成的結果是，地衣又能再度附在樹上生長了，樹皮也再度變成淺色了。這下情況整個翻轉過來。深色翅膀的蛾在淺色背景下變得明顯可見，鳥馬上又把這些蛾吃了。而留下來少數淺色翅膀的蛾因為能夠融入背景，反倒活下來了。於是，這些蛾回到之前的狀況，成了數量較多的一群。如今大部分的蛾都是淺色翅膀。

其一生都維持本來的樣子。演化是發生在整個族群裡，不是出現在個體身上。你大概永遠沒法看到魚長出腳，開始走路，演化不是那樣進行的。演化控制的是族群裡有多少百分比的個體擁有某種特性或是特徵。

每一種物種都會演化嗎？或是有某些動物永遠不改變的嗎？

你可以從對演化的說明來思考：天擇使得物種改變，但實際上的情況是，天擇阻止演化發生。大多數出現在生物身上的變異與新特徵可能是一點幫助也沒有，因為演化已經進行了很長一段時間。每個物種都費盡心力適應牠們所在的環境，只要稍有一點改變，最終可能都會傷害到牠。天擇是一種持續性的「消除法」，消除生物身上不能適應環境的變異部分。通常只有在環境或生存條件變遷的情況下，天擇才會導引出革命性的改變。許多例子都證明了，只要動物與植物還生長在安穩的環境中，就很難產生演化。鱟就是個知名的例子。到今天，世界各地的海灘上還是可以看到鱟。但是考古學者發現鱟的化石跟現存的鱟，長得簡直一模一樣，差別只在於化石超過兩百萬年之久。這麼長時間以來，鱟一點都沒有演化，因為牠們的環境——海岸線、海邊，幾乎沒什麼改變。

演化就等同於「進步」嗎？

不見得。在工業革命與維多利亞時代，人們認為歷史是往前進的，生活也會變得愈來愈好，日益進步，所以他們很自然會假設演化論也是如此運作。地球上的生命看似是從微小的生物開始，慢慢往前進，透過演化變為更

鱟。

144

複雜、更高等的生物，好比人類。但是達爾文所提出的演化，並不總是朝向先進、複雜、體積更大的方向進行。許多動物在幾十萬年前比現在所見的尺寸更大，卻因為氣候變遷，牠們向下演化成了比較小的體型。另外有些物種，好比斑點蛾，是一種橫向的演化（改變顏色），無所謂進步不進步。物種僅僅是在適應牠們所處的環境。但那不代表牠們是變得「更好」。

動物跟植物是不是真的設計得很「完美」？

佩利提出「神聖鐘錶匠理論」，他根據的基本假設就是所有動物都是「完美的」，是刻意設計的，就如同手錶要把所有零件都放對位置才能運作。但是達爾文跟其他博物學家發現這個理論大大的錯了。假如這世界真是某個人從無到有設計出來，應該很容易就可以改良或是去除動物身上常見的弱點或是殘缺。許多動物身上都有退化的器官，沒有用處且動物也不再使用的身體部位，就好比各樣的蛇，牠們身上有腿骨。但是蛇根本沒有腿，上帝又何必要給牠腿骨呢？演化學者會告訴你，蛇是從較早的爬蟲類演化而來，那些爬蟲類的確有腿，但物種漸漸改變之後，腿就慢慢消失了。雖然多餘的腿消失不見，但是無用的腿骨卻繼續存在蛇的體內。因此，要是每一個物種都是「完美的」，那麼為什麼不是所有動物一開始就呈現最佳狀態：擁有完美的視力與聽力、強壯又跑得快的腿、大腦袋、尖銳牙齒之類的？大多數的情況並非如此，每一個物種都是環境適應成果的大雜燴。牠們不是被「設計出來的」，而是各種演化改變累積的結果，其中有些根本不帶有什麼目的。

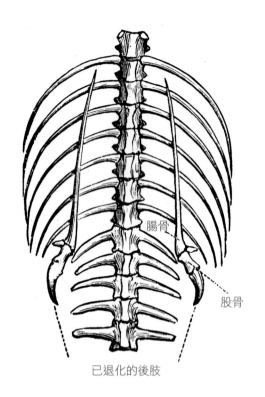

腸骨

股骨

已退化的後肢

蟒蛇的骨骼顯示了蛇退化的腿骨，
現在這些骨骼已經沒有作用了。

什麼是「有希望的怪物」（"hopeful monster"）？

　　達爾文很小心的指出，演化不是從這一代到下一代就突然蹦出個什麼，而是一小步一小步慢慢進行。雖然有點極端，但還是可以舉這個例子：很早以前，有些馬剛好生下來有黑白條紋，現在所看到的斑馬就是遺傳自那些擁有怪異黑白條紋的馬。這些自然出現的怪胎後來被稱為有希望的怪物。（畸形與怪胎不時會冒出來，但是牠們的變形大多不利於生存，而不是帶來幫助。）許多在達爾文那個時代的人誤以為演化需要靠這些「有希望的怪物」才能進行，這樣的想法非常荒謬且無稽。因此，達爾文更努力的去指出演化是逐步發生，他的理論也不是靠著已經存在的怪胎來證明的。

天擇：近距離觀察

　　天擇會以多種不同的方式出現。為了找食物、躲避掠食者、求偶以及在各種危險狀況下求生存，使得動物發展出數不清的行動策略。究竟是哪種特徵能夠讓動物存活與繁殖下一代？這個選擇由天擇進行，因為擁有這項特徵的動物就能生育牠們的下一代。以下是不同的動物在天擇下慢慢發展出的幾種有趣的適應方式：

保護色

　　保護色——體上的色斑能幫助動物融入背景，這種適應方式在自然界裡相當常見。想不被掠食者發現，這是最簡單的一種保命方式（還記得斑點蛾嗎？），比如待在綠色樹葉上的綠樹蛙幾乎很難被找到。有些動物會隨著棲地的季節變化，改換身上的顏色，好比長耳大野兔在夏天是棕色毛皮，這樣躲在棕色樹葉與土壤之間就不會被發現；到了冬天，牠們的毛會換成純白色，在茫茫雪地中這是很好的偽裝色。變色龍不用等季節變化就能隨時換色。這種蜥蜴可以幾秒之內就配合背景任意改變膚色。

　　掠食者在狩獵時也會使用保護色，以降低獵物的戒心。金棕色毛皮的獅子跟乾草原的顏色一致，為的就是狩獵時可以偷偷跟蹤獵物。要是一隻獅子的毛皮是亮粉紅色，就很難偷襲牠的獵物了。

擬態

　　有些動物為了存活下去，會使用擬態這一招，也就是模仿或是假裝成別的東西。有些蝴蝶跟蛾的翅膀上有斑點，從遠處看像是體型更大的動物的雙眼，鳥就會害怕而不吃這種蝴蝶。「走路的小樹枝」（竹節蟲，walking stick）是一種昆蟲，牠看起來就像是一截小細枝，很難分辨牠跟小樹枝的差別，有時就算很靠近也看不出來。

竹節蟲，「會走路的竹子」就是一個既是模仿又是偽裝的好例子。這種昆蟲真的非常像一截小樹枝，像到連牠的敵人都分辨不出來。

藍目灰天蛾的翅膀就像是更大型動物的眼睛。這種蛾會用翅膀上的大眼睛來嚇走掠食者。

獵捕偽裝蛋

在自然界中，掠食者會一直四處搜尋食物。想要躲過牠們最簡單的方法就是融入背景，這樣牠們就找不到你了。動物會運用保護色，讓自己擁有跟背景類似的顏色或花色。一個掠食者通常會注意、捕捉、吃掉那些最容易抓到的獵物，一旦牠吃飽了，就沒必要再抓其他獵物了。這次要做的活動是介紹生物如何靠著偽裝的法則而存活下來。

你需要——

◆ 一打雞蛋（12 顆）
◆ 爐子與鍋子　◆ 鉛筆與紙
◆ 一組彩色筆或是蠟筆
◆ 一個朋友（或是家人）

請大人幫你把一打雞蛋煮熟。雞蛋在滾水裡頭煮上 7 至 8 分鐘之後，就可以拿到水槽放在水龍頭底下用冷水沖，接著放到冰箱裡。

再把這 12 顆煮好的雞蛋放入蛋盒，跟朋友一起帶著蛋到有草、泥土、草叢等等植物的戶外環境中。你的後院或前院就是進行這個活動最理想的地方，去公園也不錯唷。記得要帶一組彩色筆，其中一定要有幾枝綠色跟棕色的筆，或是蠟筆（這種筆在蛋上面比較好畫），紙跟鉛筆也要一起帶著。

選一個舒服的位置坐下來，先觀察附近環境，然後選幾枝筆，顏色要跟周遭植物或是其他環境顏色很接近。你跟朋友先各拿 3 顆蛋，一個接一個幫它們畫上偽裝的色彩。用不同顏色的筆來畫陰影、線條或是其他你看到的花樣。設計偽裝圖樣的時候，可以先想想打算要把蛋藏在哪裡。如果你打算把蛋放在草堆，就用幾枝綠色的筆來畫。如果你想把蛋藏在乾樹葉堆，就用棕色跟灰色的筆來畫。記得要保留 6 顆蛋是全白的，完全沒有偽裝。

當你們畫好了，請你的朋友閉上眼睛，等你在院子或是公園裡藏好蛋。為了讓實驗可以進行得更順利，白色與彩色蛋應該要放在相近的位置——你不能只是藏那些偽裝蛋，然後把沒有偽裝的白色蛋放在一眼就找得到的地方。每一顆白色蛋的附近，你都要放一個偽裝蛋在草堆裡。等到把蛋都藏好了，就請你的朋友四處找找，帶回 6 顆他或她最先找到的蛋。找到 6 顆蛋之後，請你朋友停下來，先把 6 顆蛋帶回來給你。

在筆記紙的半邊寫下標題「偽裝過的」，另一半邊寫「沒有偽裝的」。把兩種蛋被找的數量登記在標題底下。

如果對你朋友來說，彩色蛋沒什麼差別，那麼這位假扮的「掠食者」應該會找到一樣多的白蛋跟偽裝蛋，也就是各 3 顆。但是實際上你的朋友各找到多少顆呢？

把還沒找到的 6 顆蛋拿回來，然後重複實驗的步驟，但是這次要讓你朋友去藏所有的蛋，換你閉上眼睛等他藏好蛋，然後你再去找蛋。寫下這次實驗的結果。重複這個實驗幾次，直到你慢慢看出其中的模式。

就掠食者找到的機率來看，著色的蛋比較容易找到，還是更難找到呢？

速度

動物要是跑得夠快，就更有機會逃過追獵。多數動物按照牠們的尺寸、體型以及環境，都會盡可能跑得愈快愈好。掠食者也必須跑得夠快，不然永遠抓不到獵物。獵豹追捕瞪羚的場面就相當值得一看。

欺騙

動作慢又很容易被捉到的動物有時候會發展出一些欺敵之術，讓牠們的敵人自動走開。負鼠以及某些種類的蛇偶爾會用裝死這招，希望牠們的對手會因此失去興趣而自動走開。

嚇阻

有一種避免被吃的方式就是很不容易被吃。犰狳有如硬板的構造覆蓋了全身，當牠們捲成一球，掠食者（例如：狼）就別想吃到牠。豪豬跟刺蝟靠著上百根危險尖刺來保護自己。

有毒

如果有某種東西有毒或是味道很難吃，那麼掠食者很快就會明白這傢伙不能吃。這招在植物、昆蟲、魚類圈很常見。

失落的環節到哪兒去了？

達爾文還在世的時候，就有許多評論者指出一項缺失，如今人們稱它為「失落的環節」（科學家傾向用「過渡形」這個說法）。如果，真像動物學家所說，蝙蝠是從類似老鼠的囓齒動物演化而來，那麼在兩種動物之間、過渡到一半的這種動物（例如擁有部分蝙蝠翅膀的老鼠）的化石在哪裡呢？這類東西一直沒找到。如果沒有從 A 物種演化成 B 物種的過渡體證據，那麼我們怎麼能確定演化真的發生過？

針對這個問題，以下有 5 個很好的解釋。

始祖鳥是介於恐龍與鳥類之間的動物。此圖是根據實際的化石，畫出牠可能的樣貌。

1. 失落的環節確實存在。困難的是證據不容易找，所有現代存在的鳥類都是史前恐龍的後代。科學家的確發現一些介於恐龍與鳥類之間失落環節的化石──也就是始祖鳥的化石，而牠看起來就像是有羽毛、會飛的蜥蜴。科學家還發現許多骨骸化石是屬於古老靈長類、現代猿類與人類之間的過渡形，而猿猴與人類都是從相同的祖先演化出來。另外還有許多馬與爬蟲類演化歷程的過渡形也陸續出土。

2. 這世界上至少有 99.99% 的化石還沒被挖掘出來。而且這些化石相當不容易找。雖然古生物學家每一天都在找，他們跑到全世界各個角落去找。我們的確沒把所有失落的環節找出來⋯⋯只是還沒找到而已。

現代馬：
第四紀與現代。

上新馬：
上新世。

原馬：
上新世後期。

中新馬：
中新世。

漸新馬：
中新世後期。

山馬：
第三紀始新世。

馬在發展過程中，出現過多種過渡形。從底下開始是最早的化石，那個化石顯示了馬曾經是有腳趾頭的。到現代，也就是最上端那個圖，馬中間的腳趾演化成蹄的形態，至於其他腳趾也就慢慢消失了。

3. 動物的身體只有在很罕見的情況下，才得以變成化石。這是真的，科學家的確還沒找到大部分的過渡形化石，但是他們也沒找到大部分「演化穩定」的化石。而且有些化石可能一開始就沒有形成的機會。除非條件剛好足以形成化石，否則動物的身體與骨骼會在死後很快就分解崩碎而消失了。由於過渡形可能是在環境變遷的情況下出現，牠們的骨骸就不太可能過了幾百萬年還能完整保存下來。

4. 演化並不是以穩定的頻率出現。在相同的環境條件裡，多數的動植物會很長一段時間保持不變，某些動植物甚至會有幾百萬年都沒變化。只要環境沒變，這些動植物演化的部分就很少，甚至完全不會演化。但是當生物被迫面對新環境，牠們就必須快速調整適應，這樣才能存活下來。在相對來說很短的時間內（也許不到十萬或只有一萬年，這種長度的時間對地質學來說不過是一眨眼而已），一個物種可能會出現很根本的改變，並且經歷多種過渡形的階段。但是，當這個物種達到一種最能適應新環境的形態，這個物種就會維持這種形態，基本上這個物種會有很長一段時間停止演化。這種停止與開始演化的狀況，稱為斷續平衡，因為穩定、完美平衡的生態系統（均衡狀態）往往會被快速變遷給打斷（出現間斷）。基於這樣的狀況，幾乎目前所有的化石都是在物種不太進行改變的過程中保存下來的，也因此比較少發現過渡體。

5. 許多頂尖科學家對這個問題有完全不同的回答：每一塊找到的化石都是過渡形！所有生物，不論死活，都是物種演化的過渡形。完全取決於你怎麼看待牠。今日看到的動物也可以看成是過渡形，介於牠們的祖先跟日後從目前型態演化而成的未知生物之間。或許人類有一天也會被看成是某一個失落的環節！

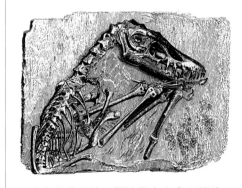

大多數的恐龍，好比保存在化石裡的這一隻，都是超過了數百萬年才出現演化，因為當時牠們的環境相當穩定。當環境突然產生改變，許多恐龍就絕種了，剩餘的就迅速演化成另外一種型態。

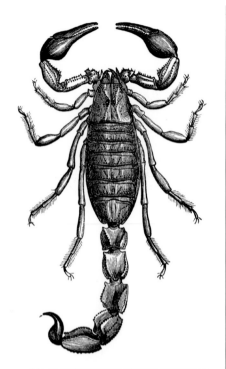

蠍子可以透過腳部的特殊感知器官「聽見」地面的震動。

知覺敏銳

這也是一種在自然界很常見的適應策略。動物的聽力愈好、視力愈好或是嗅覺愈強，就愈能夠捕捉到獵物，或是趕在掠食者靠近之前先掌握牠們的動態。有些動物發展出各種人類所沒有的驚人感知系統。海豚與蝙蝠可以使用聲納（獵物反射回來的超聲波）來狩獵；蠍子與大象可以偵測地面震動；貓頭鷹與美洲豹貓擁有絕佳的夜視能力，可以在幾乎全黑的環境中看見東西；就連小狗也能聽到人類所聽不到的聲音。

食物多樣性

動物需要各樣的適應方式，才能吃到牠們想要吃的食物。這裡當然要提一下長頸鹿，牠演化出長脖子之後，才能吃到樹木頂端的葉子；牛有四個胃，這樣牠們才能吃大量的草並加以消化。有些動物發展出對抗毒性的免疫力，這樣牠們就可以吃某些動物。

就連植物也發展出特殊的進食方法。捕蠅草會用葉子捕捉昆蟲，並且透過特殊的消化液來溶解這些小蟲；毛氈苔會用毛毛鬚來誘捕蟲子，這種植物會把獵物吞進去並且消化掉。達爾文對於這些食肉植物很著迷，他花了好幾年時間研究它們。

選擇父母

如果保護色對生存如此重要，那為何有些動物擁有亮麗的毛色呢？天擇的說法要怎麼解釋孔雀這種動物呢？牠的羽毛只是花樣浮誇、華麗，實際上卻沒什麼功用啊？要是孔雀的尾巴小一點、醜一點，掠食者還比較不容易發現牠，這樣也能更有機會活下來，那些花俏的尾巴根本一開始就不該演化出來。但實際上牠們就是擁有花俏亮麗的尾巴，這是為什麼呢？

答案是天擇裡頭還有一個項目叫做「性擇」。雖然性擇沒有天擇那麼重要，但某些動物身上的特徵是因此出現的，要不然無法用演化的角度來解釋。

達爾文的理論對於性擇是這麼解釋的：動物絕對不是只要單單活著就能把自己的特徵傳遞給後代，還需要繁衍生育才行。而唯一能夠繁衍生育的方式就是找到交配對象。所以演化多半會出現在那些最有吸引力、最能找到伴侶的動物身上。沒有性吸引力的動物就沒什麼機會繁衍後代，牠們的特徵也會就此消失。

但是，是什麼決定了「吸引力」呢？這是一個還沒有解開的謎團。不論理由是什麼，我們的確知道許多種動物身上的某些特徵是相當迷人的。雌孔雀認為雄孔雀華麗的尾巴十分帥氣。最亮麗繽紛的雄孔雀最容易找到配偶，能生下眾多後代，把牠的華麗尾巴基因傳遞下去。經過多年之後，雄孔雀就演化成尾羽色彩繽紛的樣子。而羽毛醜醜的雄孔雀雖然可以躲過掠食者，但牠們的後代也很少。

一隻雄孔雀正在用尾巴吸引異性。

同樣的原則也適用在其他動物與特徵上。某些物種的雌鳥會對雄鳥跳求偶舞。雄軍艦鳥跟雄蜂鳥可以好幾個小時持續拍翅、飛起、鳴叫，就只是為了吸引異性。性選擇讓這些看起來怪里怪氣的行動保存了下來。

其他與性選擇相關的行為不一定是為了吸引雌性，也可能是為了威脅驅趕其他的雄性競爭者。公象鼻海豹會在交配季節變得非常具攻擊性、非常暴力。最強的公象鼻海報會贏得最多的母象鼻海豹，不是因為牠多好，而是牠夠強，足以把其他競爭對手都嚇跑。

不只是一個想法

其實不難想像達爾文為何花費二十年的時間才能寫出《物種起源》這本書。基礎觀念他很清楚，但是有太多細節需要處理，太多問題需要找到答案。事實上，他始終不覺得自己真的把理論解釋得夠清楚了。對達爾文來說，《物種起源》只是簡單彙整了幾個關於演化的論點。早在種種事件逼迫達爾文盡快說明自己的理論之前，他已經想了十多遍該怎麼寫出這本關於演化的書。

他也想確定自己的想法是否站得住腳，是否能禁得起各種批評。他花了很多年累積許多證據、事實來支持自己的理論。通常，他會進行調查，並且親自確認那些事實。在當時的自然史領域，這種做法是很新鮮的。早期提出演化論的思想家多半僅僅是腦中推想而已，他們的理論是靠推論出來的，沒有人真的知道自己的推論是不是正確。另一方面，達爾文想要確定就他收集

的地質學、解剖學、古生物學、生物學的種種證據來看，演化論是唯一可能的解釋。

達爾文不太願意公開自己理論的原因還不只這些。他一開始就知道，演化論的想法很可能會引起爭議。之前，只有少數人敢暗示人類跟猿有關聯。他討厭引起爭論，他從沒跟人吵過架，而且在公眾面前發表演說這件事也嚇壞他了。他就跟所有維多利亞時期的紳士一樣，願意不計一切代價避開醜聞。

但他終究是個科學家，有責任把知道的真相揭露出來。他深陷進退兩難的困境。最後，他覺得自己別無選擇，不管怎樣，他還是出版了自己的新書。這實在是一個非常勇敢的舉動。

人們對《物種起源》的反應立即引爆開來，有演說者臭罵他，教士在講道的時候詛咒他，整個社會的人都醜化他。「這傢伙竟膽敢質疑人類的獨特與高尚地位，」他們如此指控。「他是在暗示我們的祖先是猴子嗎？他怎麼敢說我們不是按照神的形象創造的！他的書褻瀆了《聖經》。」人們這麼說。

由於害怕這一類的攻擊，達爾文刻意不在《物種起源》裡頭提到人類也是演化的產物，但是每個人都直接跳到這個結論。哲學家開始質問達爾文無法回答的問題。如果，像大家所知道的，每個人都有靈魂，那麼我們這個物種是何時得到靈魂的呢？而且就我們所知，動物並沒有靈魂，所以如果真的有演化這回事，那麼很早以前的我們不就跟動物沒兩樣。難道說，歷史上真有這麼一刻，聰明的猴子獲得了靈魂，然後就變成了人類？

達爾文當時也還沒想通這點，但是他的確徹底改變了人類看待自己與世界的方式，也徹底改變了科學家如何探求真理的方法。

根據性選擇理論，比起強壯或是聰明，有吸引力更加重要。擁有大又華麗尾巴的鳥兒可以吸引更多交配對象，但是牠們也會吸引更多掠食者上門。具有吸引力的特徵真的值得嗎？如果到最後只因為太醒目而容易被抓到然後吃掉，那又有什麼意義呢？這次的活動就是要證明看看，為什麼視覺上醒目的特徵明明不利於生存，卻還是能成為物種普遍的特徵。

你需要——

◆ 8 個硬幣（或是任何扁平的小東西，鈕釦、橡皮擦、水管通心麵、西洋棋的棋子之類的都可以）

◆ 40 個更小的硬幣（或是其他漂亮的小東西，好比彈珠、小糖果、塑膠玩具、髮飾等等）

這個活動是科學家為了研究演化如何進行而想出來的簡化版模擬遊戲。

遊戲的結果會顯示出某些特徵經過幾代繁衍之後，會在族群裡散播開來。

在遊戲中，會用小東西來代表同一個物種的雄性成員，這次要代表的是，外表樸素的度度鳥。扁扁的 5 元硬幣就是那些平淡、沒有特色，為了躲避掠食者、融入背景而演化出來的物種。但是度度鳥之中出現一群新的變異物種——少數度度鳥雄性成員擁有了亮麗紅羽毛。這些新的變異成員就用 1 元硬幣來代表。

雌的度度鳥被紅羽毛的雄性度度鳥吸引了。但是這種亮眼羽毛也吸引了狐狸上門——這種掠食者看到度度鳥就想吃。

遊戲規則

一開始，80％的鳥都是很樸素的（5 元硬幣），另外 20％的鳥有紅羽毛（1 元硬幣）。經過一代生育繁殖之後，有四分之一的樸素鳥被狐狸吃

掉了，紅毛鳥則是有一半被吃掉了。另一方面，每一隻樸素鳥都很幸運找到伴侶接受牠，而牠一生中會生下一隻雄性後代。不過，紅毛鳥就大受雌鳥歡迎，牠們的一生會留下四隻雄性後代。而樸素鳥與紅毛鳥的後代都會繼承牠們父親的羽毛配色。

怎麼玩

把 10 個硬幣（或是你用來代替的其他物品）排成一排：裡面有 8 個 5 元硬幣，兩個 1 元硬幣。這是你的第一代度度鳥族群，80％是樸素鳥，20％是紅毛鳥。現在，按照前面介紹的規則來重新整理這一代（以及後面所有世代）的鳥。四分之一的樸素鳥被狐狸吃掉，所以要移掉四分之一的 5 元硬幣，等於剩下兩個 5 元硬幣。一半的紅毛鳥也被狐狸吃掉了，所以要移掉一半的 1 元硬幣，所以剩下一個 1 元硬幣。現在你剩下 6 隻樸素鳥

跟 1 隻紅毛鳥。

接著要開始整理下一代的度度鳥。每一隻樸素鳥會有一隻雄性後代，所以要在距離上一代底下幾公分的位置放上 6 個 5 元硬幣。不過每隻紅毛鳥可以留下 4 隻雄性後代，所以要在第一代紅毛鳥底下放一排 4 個 1 元硬幣。

你現在有兩代的度度鳥族群了。注意一下族群有什麼變化：即便紅毛鳥生出下一代之前就被吃掉的比例很高，但是只要牠們交配成功，收穫還是很驚人。第二代的樸素鳥已經在整個族群裡頭變成只占 60% 的比例了，而紅毛鳥則是提高到 40%。

把整個過程重複三次。遇到小數點就四捨五入，好比 6 的四分之一是 1.5，這種情況你要拿掉兩個硬幣。現在度度鳥族群怎麼樣了呢？遊戲的最後，樸素鳥的比例跟紅毛鳥的比例是如何呢？

這就是性擇進行的方式：物種會選擇有吸引力但是容易被獵捕的外表，因為繁衍的成功跟生存下來一樣重要。所以，美麗是大有好處的。

第一代

第二代

第三代

答案：
第二代作答：6 個 5 元跟 4 個 1 元硬幣。第三代作答：4 個 5 元跟 8 個 1 元硬幣。第四代作答：3 個 5 元跟 16 個 1 元硬幣。第五代作答：兩個 5 元跟 32 個 1 元的硬幣。

上帝是不是只創
造了生命火花，並
設立自然法則，然後就
讓演化自行進展？還是上帝
個別創造了每一個物種？

Chapter 7

不甘不願當名人

毛氈苔與蘭花

18 60年的夏天，當演化大辯論掀起滔天浪潮之際，達爾文卻帶著他的家人去度假了。他的女兒哈莉葉塔生病了，所以他們全家去拜訪住在鄉間的親戚，地點就在離唐恩小築不遠的地方。當哈莉葉塔慢慢康復，達爾文開始外出到鄉間散步，以便整理思緒。有一天他突然注意到一個小小的奇怪植物，竟然會用毛茸茸的葉子當陷阱捕捉小蟲。當他彎腰仔細看，這個植物還慢慢闔起來，包住那隻倒楣的小蟲。達爾文以前在資料上看過這種植物，知道它是毛氈苔，卻從來沒有多想些什麼。毛氈苔是肉食性的植物，靠著吃肉活下來。這在植物界是非常特殊的事情，大多數植物都靠陽光、水跟泥土裡的礦物質就能生存。達爾文突然對這種植物著了迷。這種特殊的植物是怎麼變成肉食性的呢？它們跟其他普通植物到底有什麼不同？有沒有可能

它們根本不是植物，而是某種奇怪長出根、會開花的動物？

他把毛氈苔挖起來帶回家去，把它種在盆子裡，開始進行實驗。他丟一點點肉到毛氈苔黏乎乎的毛上面，看著毛氈苔慢慢向內捲起，然後用特殊的液體花上好幾天消化那塊肉。

達爾文再次深深迷上這種植物。之前為了闡述物種演變，達爾文被超乎預期的寫作量給累得半死，他原以為自己再也不會對任何事感興趣。畢竟他這一生就是不斷被各種主題吸引，然後一頭鑽進去。現代心理學家認為達爾文應該是有所謂的強迫性人格，這是一種無法克制的習性，只要一被某樣東西吸引，就會投入到完全忽略身邊事物的程度。

他對肉食性植物的執迷持續了好幾年，後來他又很快迷上另外一種植物：蘭花。唐恩小築附近有很多這種自然生長的美麗花朵。在達爾文散步的時候，他愈看就愈迷上了這種與昆蟲關係很微妙特殊的植物。就像對毛氈苔一樣，他也帶了一些蘭花回家，並且仔細研究它們。他發現蘭花需要特殊的昆蟲來幫忙授粉。蜜蜂、蒼蠅或蛾會被某種形狀的花朵吸引，牠們把頭伸進花朵裡吃蜜，然後不小心沾上許多花粉，等牠們飛到下一朵花，就會把這些花粉帶過去。這樣蘭花就能夠受精了。靠著這個方法蘭花就可以完成授粉，接著開花結果，繁衍下一代。每一種蘭花都不太一樣，各自會吸引不同的昆蟲，因此形成獨特的授粉方式。達爾文認為這個例子很適合拿來說明什麼是共同適應，就是兩個或是多個不同的物種像是一個族群一樣，一同演化。蘭花與昆蟲都需要依靠彼此，才能夠生存下來。

沒多久達爾文就拜託虎克寄給他邱園裡頭的珍稀蘭花跟肉食性植物。邱

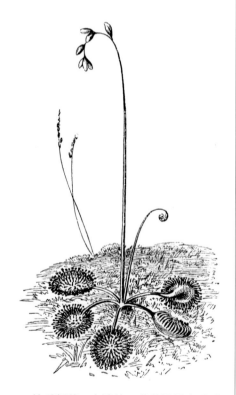

一株毛氈苔。右邊的一片葉子用它毛毛的感知器抓到了一隻蟲，並向內捲起準備消化小蟲。

園是英國最好的植物園，虎克是那裡的園長。達爾文寫信給世界各地的植物學家，請求他們協助大量收集異國蘭花與肉食性植物。又一次，他深深陷入狂熱執迷中。或者，他只是想躲避自己那本著作掀起的巨大爭議？

肉食性植物

你也可以自己種肉食性植物喔。捕蠅草是美國原生種，很容易就能買得到。打電話去你家附近的花店或是苗圃，問問看哪一家有賣捕蠅草？如果你在家附近都找不到地方買捕蠅草，上網也一定可以買得到。

你需要——
◆ 一株或是幾株捕蠅草

買捕蠅草時，店家會告訴你如何照顧它、讓它生長茂盛，請遵照指示來做。它們是很纖細的植物，需要仔細注意照顧。有些地區的空氣太乾燥，捕蠅草就沒法養在外面，甚至也不能養在花盆裡。如果你住在比較乾燥的區域，就需要把它們圍起來養在一個容器裡，好比植物景觀箱或玻璃箱。要記得隨時保持土壤溼潤！捕蠅草原來是生長在一直很潮溼的沼澤區。

如果沒有小蟲自己停在捕蠅草的陷阱上，就需要靠你來餵它們。看葉子慢慢圍困住它的獵物是非常有趣的事情，只要你別太同情小蟲子就沒問題。要是你想做個實驗，不拿活生生的獵物餵你的捕蠅草，它會「吐出來」，也就是在完全闔上葉子之前又打開來。這個重新打開的過程大概要花十二個小時。還有不要太常去刺激捕蠅草的「感知器」。要是來個幾次假警報，一對葉子就會永遠失去闔上葉子的能力。達爾文用過各種不能吃的東西來折磨他的捕蠅草，但是我們用不著再重複他已經做過的實驗，讓你的寶貝植物受罪。

為了讓你的調查結果更完整，可以看看「異形奇花」這部電影。這部有趣的奇幻電影是描述一株會吃人的肉食性植物。故事非常好笑，但是用不著因此害怕。因為捕蠅草根本連你的小指頭都傷不了，更不可能把你給吃了。

虎克寄給達爾文許多來自世界各地的異國植物，以幫助達爾文進行研究。

不會消亡的想法

與此同時，赫胥黎帶頭面對在倫敦進行的演化論戰。赫胥黎提出使用「達爾文主義」這個詞來描述達爾文的天擇觀點。到今天，人們仍舊稱他們這批人是「達爾文主義者」。達爾文的名字也因此成了新名詞的一部分。

赫胥黎到處發表演講，撰文大膽宣告人類是從猿類演化而來的。他以自己的方式四處挑動大眾情緒。有一半的倫敦人認為這個新理論簡直可恥；另外一半的人則認為整件事還挺有趣的。

1862 年至 1863 年間，三本重要的新著作出版：達爾文的《不列顛與外國蘭花經由昆蟲授粉的各種手段》、赫胥黎的《人在自然界的地位》、萊爾的《人類的古老歷史》。這三本書都支持透過天擇而產生物種演變的概念。達爾文那本關於蘭花的書，指出花朵必定是經過特殊演化過程才能吸引昆蟲幫忙授粉。赫胥黎的書則是宣稱，所有證據都顯示人類也是演化的產物。至於萊爾的書則是描述了考古學新發現，證明數萬年前人類就存在了，遠早於《聖經》推測人類被創造出來的那個日期。一點一滴，演化論的論據愈來愈堅強。但是達爾文還是太害怕，也太彆扭，所以始終不敢站出去面對面說服人們。一如往常，他繼續在幕後進行自己的工作，持續日復一日、年復一年的累積證據。

1863 年之所以重要，還有另外一個原因，一個震驚各界的新化石在德國出土了，並且運到倫敦來。解剖學與化石專家歐文，他負責檢視這個標本並

且幫牠取名為「始祖鳥」（牠的名字原文 Archaeopteryx，是由 archaeo-〔古代〕與 -pteryx〔翅膀〕組合起來的字），意思是牠是有翅類動物的祖先。這個標本非常古老，看起來一半像是蜥蜴一半像鳥。牠有蜥蜴的牙齒跟尾骨，也有鳥類的羽毛跟翅膀。解剖學家早已推測鳥類是從爬蟲類演化而來，因為這兩種相當不同的動物在身體構造方面有許多類似之處。難道始祖鳥就是爬蟲類演化成鳥類過程中失落的那個環節，而牠的出現可以徹底證明演化是真正存在的？許多科學家認為的確如此，直到今天始祖鳥仍舊被視為過渡形的最明確例證。可憐的歐文，一個激烈反對演化論的人，到頭來竟然找到了最能支持演化論的證據，幫了這個理論一把！

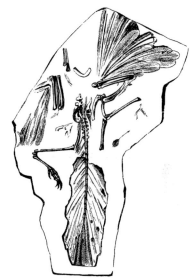

始祖鳥的化石被證實是鳥類演化中失落的環節。

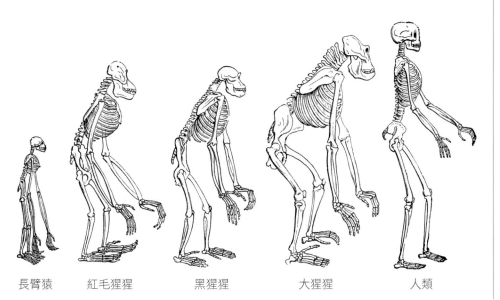

長臂猿　　紅毛猩猩　　黑猩猩　　大猩猩　　人類

高等猿類（包括人類）因為骨骼構造的相似性，說服了許多人接受這幾個物種彼此是有關聯的。

達爾文在 1860 年代蓄長了鬍子。這也是後人對他的印象，但其實他大部分的歲月都是沒有蓄鬍的。

病房裡的名人

1863 年 9 月，正讀著《人類的古老歷史》的達爾文，健康狀況突然惡化。他平日常見的症狀大爆發——嘔吐、皮膚起疹子、疲倦——但是這次的情形比以往都更嚴重。他住進健康療養中心，那裡的專家建議他每天洗冷凍浴。但這種療法只讓他更加難受，而且他回家之後竟然病得比一生中任何時候都要更嚴重，他的醫師也不知道要怎麼治療他才好。

達爾文取消所有會議、約會與工作。接下來的四年他都待在家裡，幾乎沒見過一個外人。他大半時間都躺在床上或是窩在椅子上，一天最多工作兩至三小時，寫寫信或是照料一下他的植物。他不再刮鬍子，因此長了一臉大鬍子，而且還都花白了。他變得更衰弱削瘦，一下變得像個老頭子。後來，當他終於可以出門跟人碰面，就連他最親近的朋友都不太認得出他來。

就在達爾文大半時間都躲在家中養病的這段日子，他卻成了世界上最有名的人之一。他的書翻譯成法文、德文、俄文以及其他許多不同的語言。關於他提出的演化論，傳播範圍遠超過緊密互動的英國自然科學家小圈圈。語言學家、經濟學家、心理學家、哲學家、人類學家，以及許多其他學術領域的專家，都開始研究如何將演化論援引到自己的專業領域。達爾文被視為是引領這股新思潮的英雄人物。

種子的策略

達爾文的少數幾本書，好比《物種起源》，都是主題相當龐大、內容十分廣泛的書。但是達爾文大部分的書，像是關於藤壺與蘭花的那些，就是聚焦在非常特定的題目上。一本書如果只針對單一主題進行非常仔細的研究，就會稱為專論（monograph，這個英文字是組合自希臘文的「mono-」，意思是單一，與「-graph」，意思是書寫；因此專論就是指「針對單一主題來寫作」）。在這次活動中，你要寫的專論是植物學家相當感興趣的主題：種子的分布。

你需要——

◆ 一本筆記本
◆ 一本空白書或是幾張有線條的筆記紙，好讓你寫東西
◆ 把紙張用釘書機釘在一起

所謂專論，就是盡可能專注在非常小的範圍：相較種子這種大範圍的主題，你要寫的是關於單一種子如何散播開來，最終能夠發芽生長的過程。

在開始撰寫專論之前，先針對你周遭的種子進行資訊收集工作。別忘了用上你在「當個後院博物學家」活動中學到的方法（見本書第 39 頁）。盡可能收集不同種類的種子，比如蒲公英種子、毬果、狐尾草、莓果、楓樹種子、橡實與松果。

首先，寫下植物能夠廣泛散播種子的演化優勢是什麼，因為相對的狀況是，直直掉落到地上的植物種子。其次，審視每顆種子，仔細描述它用了什麼驚人的技術，才能從親本植物旁邊盡可能的遠遠散布出去。以下是幾種你可能會討論到的種子散播方式：

· 蒲公英種子，長得很像降落傘，會隨風飄走。
· 毬果外部有小小的鉤子，會鉤在動物的毛皮上。
· 莓果香又甜，能夠吸引鳥兒吃下它們，然後隨著鳥的糞便排出。
· 橡實圓又重，會在傾斜的地面上咕溜滾走。
· 楓樹種子會旋轉，就像小小直升機，可以隨風飛走。

描述一下其他你還想到哪些種子散播的方法。如果你想多點靈感，去圖書館跟網路上找找種子散播的資料。把資料都抄下來，一直到你覺得已經把各種種子散播方式都寫進筆記了。如果你想要你的專論夠有科學水準，就把你找到的書名與網站的連結網址，條列在參考資料這一項底下，放在整篇筆記的最後面。

不論是哪種主題，要想成為專家，最好就是寫一篇專論。

打動所有人的理論

1864 年赫胥黎組成 X 社團，成員為九位優秀的科學家。這個社團有點像是一百年前達爾文祖父伊斯拉謨斯參加的月光社。社團聚會時，大家會討論演化論以及相關主題，並且計畫要如何有策略的把達爾文的想法介紹給大眾。由於成員都在政府機關、大學、雜誌出版社擔任重要職位，所以 X 社團的影響力相當大。事到如今什麼也擋不住赫胥黎，他就是要讓演化論廣為科學社團所接受。

1865 年 4 月，躺在病床上的達爾文接到令人難過的消息。小獵犬號的前任船長費茲羅自殺過世了。達爾文記得當年在船上的時候，費茲羅常常覺得心情差，日子過得很痛苦。隨著年紀愈來愈大，費茲羅的狀況只是更糟糕。雖然他晉升為海軍中將，還因為創立天氣預報站而聞名全國，但是費茲羅仍舊會因為小挫折或是一些批評而怒氣大發。身為一個保守的基督徒，他認為自己有罪，因為他竟然傻傻的幫助達爾文收集資料，讓他提出對《聖經》信仰有害的演化論。費茲羅永遠都不能原諒自己，到最後他甚至無法再忍受這樣活下去。儘管兩人有許多差異，達爾文還是為這位老友深深哀悼。

大約也是這個時候，一位深具影響力的社會學家史賓賽提出了新的名詞──「適者生存」。史賓塞強烈支持達爾文，但是他把整個演化論的概念推得更遠。史賓塞宣稱每一樣事物都是演化的結果，不僅限於動物與植物而已。社會結構、經濟制度以及這些之上的種種都是，他如此寫道。史賓賽認

為「適者生存」這個詞比起「天擇」更容易理解，所以他在自己的文章裡都用這個詞。

他的概念大受歡迎，再加上他是達爾文如此強毅的支持者，因此人們開始用「適者生存」來描述達爾文的理論。許多人告訴達爾文，史賓賽的這個說法更直接、更好記，因為相較之下「天擇」的概念比較難以掌握。所以，在有點不太情願的情況下，達爾文在後面幾版的《物種起源》裡放入了適者生存的概念。結果造成如今大多數的人都以為，適者生存就是達爾文的想法。（第 8 章會提到更多史賓塞帶來的影響。）

走在時代的前頭

雖然達爾文常常病到無法工作，他還是盡量把僅存的力氣都投注到支持他的理論的研究與寫作上頭。經過了幾年的努力，1868 年他終於出版了《馴養動植物的變異》。他所有花費在飼育鴿子、在溫室照顧植物的日子，都有了回報。正如書名，這本書是關於家中養的動物植物的個別差異，以及這些特徵是如何一代代傳下去。動物飼育者會善用這些變異，刻意製造出某些新的品種。好比隨便找一群鴿子，把牠們裡頭公的跟母的鴿子，帶去跟尾巴最大的那種鴿子交配，重複繁殖幾代之後，就會出現有巨大尾巴的新品種鴿子。達爾文的目的是要指出同樣的過程也發生在自然界，但是少了人為干預；自然自己進行「選擇」。

在這個課題上，達爾文相當成功的證明了自己的論點。不過他試著把理論推得更遠一些。他想弄清楚變異是怎麼來的，又為什麼會發生。不幸的是，比起同時代的人，他走得太遠了。他嘗試寫過一本關於遺傳學的書，可是當時根本沒人知道遺傳學是什麼。染色體、DNA、基因，當時都還沒有被發現。大家都毫無概念到底動植物身上的特徵，是怎麼從親代傳到子代的。達爾文用盡力氣以他的理論來解釋這點，但是沒有人相信。他的說法是，身體裡頭每個細胞中都有微小的「芽球」，芽球包含了如何自行複製的訊息。他想像的「芽球」跟將近一個世紀後才發現的 DNA 分子有點相似。但是沒有更精密的顯微鏡、更複雜的實驗室實驗，達爾文無法得知他所謂的「芽球」真正內涵是什麼。這一切都要由後繼的科學家來發現了。

雖然知道的人不多，但是在中歐小鎮，一名沉靜的奧地利僧侶孟德爾，他解開了基因之謎，而且時間還比達爾文寫出《變異》這本書更早。孟德爾關於種豆的嚴謹實驗，清楚展演了遺傳的法則，這個實驗結果後來還在德文期刊上發表，不過幾乎沒人讀過他這篇文章。達爾文也完全不知道孟德爾的實驗，這真是科學界的大不幸。（第 8 章有更多關於孟德爾的故事。）

達爾文在家裡蓋了一間溫室，他在那裡種植熱帶植物，並進行多項植物學實驗。

人類的起源

1868 年，藉由大眾媒體幫忙，《物種起源》翻譯成許多國語言，而且在赫胥黎與 X 社團大家的努力之下，演化論不再是個禁忌話題。甚至任何書只

要談論到人類是從猿類演化而來，都會成為暢銷熱門著作。十多位熱切的作者也都紛紛寫出關於演化論的的論著。令人驚訝的是，達爾文覺得這類書大多寫得很糟。少數幾位作家看來是真的明白了達爾文的理論，但也有幾位是

神學對上科學：兩者能並存嗎？

到底演化論跟創造論是不是真的彼此衝突？有許多人認為完全可以同時接受這兩個理論。第一個這麼做的人是金斯利牧師，這位知名的宗教書籍作家這麼跟達爾文說：「相信神創造出少數有自我發展能力的原始生命型態，能夠長成其他或各樣所需樣態，這樣的觀點也相當崇高，其價值就如同相信神需要進行更新的創造，以填補祂設下的法則產生的缺漏。」換句話說，「這不是很神奇嗎？上帝有遠見並且有能力創造出一種原始生命型態，日後可以演化成上百萬種其他生命。」對金斯利（以及其他很多現代的基督徒）來說，這種說法比起

神一個個創造出各樣的物種，還更加令人欽佩祂的非凡與奧妙。達爾文也很喜歡金斯利這個觀點，他甚至在《物種起源》的第二版裡面引用了這位牧師的說法。

至於那些堅持《聖經》裡頭字字句句都是正確無誤的人，卻被達爾文的理論大大激怒了。但是演化論只不過是跟《聖經》裡頭少少幾段產生衝突。《聖經》還有其他上千處不合邏輯、與科學衝突或是違背歷史事實的段落，那些又怎麼辦呢？（其中一個最知名的例子就是，如果亞當夏娃是第一組人類，該隱與亞伯又是他們生下的頭兩個孩子，那

麼按照《創世紀》所說，該隱怎麼可能找得到妻子呢？《聖經》裡還有上百個類似這樣的問題。）對任何一個想要證明《聖經》字字句句都是正確的人來說，演化論只是其中一個問題而已。

達爾文從沒想過要製造科學與信仰的分裂。他只是想描述自己所見到的自然現象。如今許多人都認為的確有可能擁有信仰，同時又接受科學真相。他們可以相信神創造起初的生命，也相信神創造各樣神奇的自然法則（包括演化的法則），而這兩樣創造就是地球萬物的起源。接受演化論並不代表一個人需要背棄他的信仰。

努力想證明達爾文錯了。達爾文希望能有哪個人寫一本關於人類起源的書，但是不要通篇錯誤連連，或是出現一堆錯誤迷思。但是誰能寫呢？他知道如果他想看到這樣的一本書，他就得自己寫。當他剛開始寫《物種起源》，他很害怕提到人類的演化，擔心這個說法會引起醜聞。但是到了 1860 年代後期，演化的觀念已經成了共識，他再也不需要擔心什麼了。

他花了兩年多的時間檢視自己筆記的內容，收集各方專家的意見，然後幾乎每天都花時間寫作。1871 年，他最大膽的一本著作《人類的起源及性擇》出版了。達爾文最大的突破就是，把所有最有力的科學證據都放在一起，證明人類就跟其他物種一樣，都是從更早先的形態演化而來，只是那些祖先現在都已經滅絕了。

跟往常一樣，達爾文並不是東給一點證據，西給一個例子，他反而是針對各種想得到的領域，提出像山一樣多的例證來說明人類也是從他們原始的祖先演化而來。以下幾個重點支持了達爾文的理論。

比較解剖學

人類、猿與其他哺乳類都有許多相似的特徵。有些共通特徵很明顯。例如，人類與猿類的骨骼基礎只有很小的差別，連兩者的腦子都很相似。還有，許多特徵或許表面上看來不同，實際上卻相當接近。人類的手、狗的爪子、海豚的鰭以及蝙蝠翅膀的骨骼組成都是一樣的規則；指頭演化得更長或是更短，取決於是要用來抓握、行走、游泳或是飛行。達爾文對於出現這些相似性的唯一解釋是，這些物種之前彼此是有關聯的。

演化的殘留痕跡

如果人類不是從更早之前就存在的物種演化而來，為何人體會有那麼多演化的殘餘痕跡——沒有明顯用途的身體特徵與結構？在每個人的脊椎裡頭都有一塊尾骨，大多數人稱它為尾椎。如果我們沒有尾巴，又為什麼會有尾骨呢？創造者為何給我們一塊毫無功能的骨頭，根本沒意義啊。達爾文反駁道，這塊骨頭非常有意義，說不定我們的祖先曾經有過尾巴，然後經過漫長的演化，尾巴變得愈來愈短，短到就只剩下現在這樣一小塊骨頭。同樣的，大多數動物都有可以讓耳朵向前向後轉的肌肉。但現在人類一般是無法轉動耳朵的，不過我們還是擁有能轉動耳朵的肌肉，只是無法看見或是感覺到這

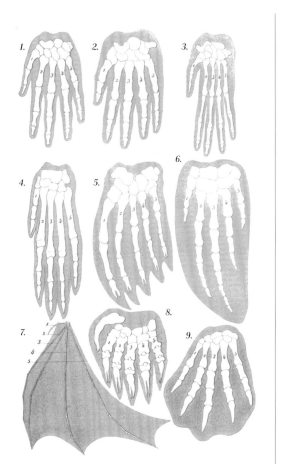

這張圖顯示出哺乳類動物有相同的骨骼，但比例不同。1. 人類的手。 2. 大猩猩的手。3. 紅毛猩猩的手。4. 狗的爪子。 5. 海豹的鰭。6. 海豚的鰭。7. 蝙蝠的翅膀。8. 鼴鼠的爪子。9. 鴨嘴獸的爪子。

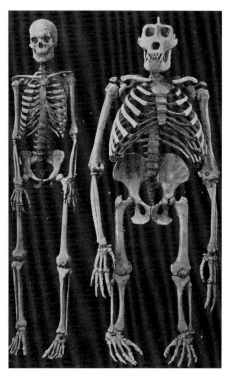

人與大猩猩的骨骼。兩者有多相像？

一小塊肌肉，只有少處幸運的人還能用得上它。此外，我們身上有個器官叫做盲腸，看起來就像是退化的器官，是人類這個物種經過發展演化之後，雖然還存留著卻已經派不上用場的器官。這些特徵的存在除了可以用演化來解釋之外，還有什麼別的可能呢？

胚胎學

胚胎是還沒有出生的動物早期發展的型態，是還在母親子宮裡頭小小的一團細胞組織。在達爾文的時代，解剖學家才剛剛發現人類胚胎跟其他動物的胚胎在出現的頭幾週，幾乎看起來一模一樣。而且也要等到胚胎長成胎兒（比較後期、比較大，也比較成熟的胚胎），才能分辨出究竟是哪一種動物。達爾文認為這是非常明確的證據，證明動物基本上都有相同的生理器官，這同時也證明這些動物之間的相關性。

心智能力

達爾文時期的人們都認為，人跟動物主要的差別在於人有心智能力，有情緒、有語言能力，以及其他更進一步的思想發展。人們相信動物沒有這些心智能力。達爾文卻拿出證據，指出動物有感情、牠們會用原始的「語言」溝通（鳥兒啾啾叫、牛哞哞叫等等），牠們偶爾也會使用工具。他指出，動物與人的心智差距不像人類想像的那麼大。人腦的存在並不足以證明我們跟其他物種有絕對的差異。

達爾文書中另外一半是在談性擇，這其實跟天擇有些相似，只是這是以

動物如何選擇牠們的對象為基礎。如同在第6章討論的，各種動物，包括昆蟲、爬蟲類、鳥以及哺乳類，都會專門為了要吸引交配對象而發展出各種特徵與行為。因為最有「吸引力」的生物個體就能獲得最多的機會交配，並且生育繁殖更多的後代，而牠們的特徵也就能更多、更廣的傳給後代子孫。達爾文相信性擇解釋了為何許多動物的雄性雌性如此不同。好比雄鳥美麗的尾

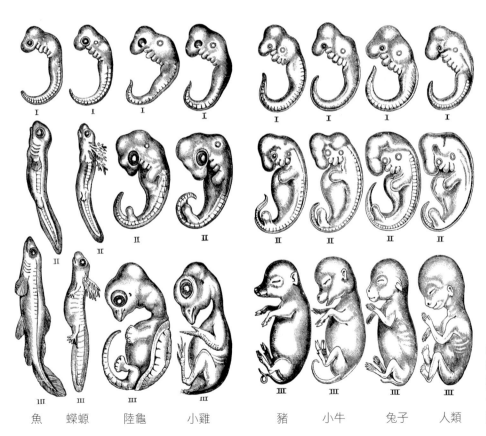

魚　　蠑螈　　陸龜　　小雞　　豬　　小牛　　兔子　　人類

最上排的圖，是不同動物胚胎發展初期的樣子。看起來幾乎都是一個樣子。中間這排是發展了一陣子之後，幾個胚胎開始變得不太一樣。最底下一排，是更成熟的型態，也終於比較看得出這些動物將來會長成什麼樣子。

羽，這類裝飾性強或是鮮明的特徵，就是演化出來要吸引異性用的。「這點也解釋了，」達爾文寫道，「為何世界各地的人看來十分不一樣。膚色、髮質、臉型──這些都是世界各地男男女女偏好哪種美的選擇結果。」

達爾文又再次超越他的時代，想得比同時代的人更遠。達爾文試著幫人類演化找到科學基礎，但是當時知名的「失落環節」化石還沒在非洲出土。達爾文的論點還欠缺最強而有力的證據支持。一直到百年之後，古生物學家發現了足以證明數百萬年前人類祖先是從猿類演化而來的確切證據。

如果《人類的起源》是在 1859 年出版（就是《物種起源》那一年），一定會引發輿論激烈的抗議。但是到了 1871 年，只有少數人還會被「人從猿演化而來」這個概念嚇到。所以，雖然《人類的起源》銷量很好，卻沒有掀起太多爭議。達爾文終於能非常直白的陳述，人類跟猿在演化上的關係非常近，但是這麼說卻改變不了許多人的想法。在 1871 年那時候，你要不是接受演化論，就是反對它。當時的那些證據還是無法扭轉人們想法。反倒是漫畫家更樂見這幾本書裡頭的概念，因此雜誌裡頭多了不少把達爾文畫成猴子的頁面。不論如何，達爾文還是很高興自己能夠把這些書寫出來。

一半的翅膀

出版新書而覺得心滿意足的達爾文，在聽到針對演化論的最新一波攻擊之後，好心情整個都被破壞了。這件事發生在《人類的起源》剛出版之後不

久。達爾文認為生物學家米瓦特所寫的東西，帶給他的整個論述架構最嚴重的威脅。

米瓦特提出的論點很有意思。如果天擇造成了物種發展新的性狀特徵，那某些動物只擁有演化到一半的性狀特徵到底有什麼用？如果很久以前某種嚙齒鼠是現在蝙蝠的祖先，那麼在某個階段一定會出現一種發展到一半的生物：一隻嚙齒鼠類有著發育不全的翅膀，也就是有一對還沒有強壯到可以讓這隻生物飛起來的翅膀。但是如果這隻動物飛不起來，那麼這對翅膀就一點用處也沒有。這樣的話，以天擇來說，這類動物應該會因為適應不良無法存活而死光光。倘若真是這樣，天擇應該會避免演化出新的解剖特徵。簡單說，米瓦特的問題是：長一半的翅膀能做什麼？達爾文的理論一定有什麼地方錯了。米瓦特如此宣稱。

達爾文很沮喪，因為這個問題真的很難回答，而且米瓦特又是如此高明的作家。有沒有可能米瓦特才是對的？達爾文的天擇理論會不會就此瓦解，成為一時熱潮，過不多久就被人們遺忘了？針對米瓦特的挑戰，達爾文努力想要想找出解答。在第六版，也是最後一版的《物種起源》一書中，他試著修補自己的理論，但是就某部分來說，他反倒讓自己的理論更模糊了，而且還是無法成功反駁米瓦特的質疑。

針對「一半的翅膀」這個難題，科學家也給出兩種不同的答案。第一，過去跟現在都有許多種動物，實質上擁有一半的翅膀。飛鼠就是一種老鼠，牠有翅膀狀的薄膜可以在牠的前後腳之間伸展開來。牠們並不是真的能用這種半成形的翅膀飛翔，但牠們可以滑翔，就像紙飛機那樣，能從這根樹枝滑

翼手龍

蝙蝠

鳥

R.E.H.

如果長到一半的翅膀根本沒什麼用，那麼上圖的這些翅膀要怎麼演化出來呢？

翔到另外一根樹枝。某些生活在樹上的蛇類，也可以靠著讓自己的身體變得扁平來滑翔，就像是擁有翅膀一樣，能從這棵樹移動到那棵樹。飛魚、蜥蜴、青蛙也都是靠著有如「半個翅膀」的鰭、皮膚、腳趾蹼來滑翔。所以就這個觀點看來，米瓦特所說動物擁有半個翅膀是沒用的說法，並不正確。也許動物沒法用那樣的翅膀飛行，但光是能滑翔或是慢慢降落到地面也是很有用的，而這樣也能通過天擇的篩選。同樣的原理也可以適用在其他器官上，好比眼睛。只能看到一點點東西，也好過完全看不到。一絲一毫進展都是有幫助的，所以一隻眼睛也是可以一步一步慢慢演化。

第二個答案比較微妙。許多複雜的解剖特徵之所以演化出來的原因，很可能都跟我們原來想的不一樣。魚類祖先體內原始型態的肺部器官並不是要用來呼吸的，而是為了增加浮力，幫助魚類浮上水面或是沉入水中。過了很長一段時間之後，那種原始型態的肺部演化成能夠吸收氧氣，最後變成能夠讓魚類在水面上呼吸，然後得以演化成兩棲類動物。羽毛和翅膀可能一開始演化出來也不是為了飛行，而是為了控管體溫，好比類似恐龍的早期鳥類，牠們的翅膀就是為了降低體溫（拍動翅膀）或是保暖（把羽毛弄蓬鬆起來）。只是到了後來牠們才改為靠著羽毛與翅膀飛行。擅於纏繞（抓握）的尾巴可能一開始是要讓哺乳類的寶寶能夠緊緊抓住牠們的母親；但是後來這樣的尾巴慢慢變成可以用來在樹枝間跳躍甩盪的工具。所以，給米瓦特的答案是，演化過程中並沒有一種生物長出所謂毫無用處的一半肺部、一半翅膀或是一半的尾巴。即使到了後來，這些特徵的用途變得跟原來完全不一樣，但在發展初期也是有用途的。

情感

        •••••••

達爾文指出，動物跟人一樣也是有感情的。他書中的這張圖，就是描繪一隻貓感到害怕的樣子。

達爾文只用了很少的時間來跟這些問題搏鬥。因為他正忙著寫下一本書的結尾。這本書在 1872 年出版，書名是《人與動物的情感表達》。自從 1840 年代起，每當他去動物園觀察紅毛猩猩，並且開始記錄下哪些事情會讓兒子威廉想笑或是想哭，達爾文就對孩童與動物的情感非常感興趣。他在《人類的起源》裡開始觸及這個主題，但是在他的新書中就更加深入的探討。達爾文覺得如果他可以指出人跟動物有相同的情感，會使用同樣的臉部肌肉來表達感情，那麼他就可以證明人類跟動物是有關聯的，並藉此支持他提出來的演化論。人們普遍都相信人類的獨特性是在於有感覺，能表達喜怒，有自尊、會嫉妒，而這種種情緒表現正是我們跟「低等動物」不同的地方。達爾文卻站出來證明，大家想錯了。

《人與動物的情感表達》變成達爾文最受歡迎的一本書，當然不是因為人人都同意他的理論，而是因為裡頭有圖片！那個年代只有很少數的書裡會有圖片，達爾文為了證明他的論點，在書中放了許多有趣又特殊的照片。人們爭相購買，達爾文也因為這本書賺入高額的版稅，金額還超過其他幾本著作。

達爾文相當熱中研究臉部表情，他也是率先用科學方法研究臉部表情的人之一。後續有其他研究者承接達爾文的成果，繼續深入探討。近期的研究發現，相較於右半臉，人們情感表達較常集中在左半臉。這個實驗會幫助你看看這個說法到底是不是真的。

你需要——

◆ 10 或 20 張的家庭照、朋友照
◆ 空白卡紙或是一張白紙
◆ 筆記紙　◆ 原子筆或是鉛筆

達爾文用許多張照片（包括這張小女孩的照片）為例，說明人們如何表達情緒。女孩哪一邊的臉看起來比較快樂呢？

請父母幫忙找出 10 或 20 張有人物特寫照片。最好是用證件大頭照。另外也找找人們表現出各種情緒的照片，好比快樂的（微笑、大笑）、難過的（哭泣、皺眉）、生氣的（怒視）、無聊的或是這一類的照片。

把照片散放在你面前。

選一張開始。拿一張空白卡紙或是一小張白紙，把紙的邊緣對準照片中那個人的臉部中央。先蓋住照片的右半邊。（請留意：因為照片中的人正對著你，所以他的左臉是出現在照片的右半邊。）仔細看顯現出來的這半邊臉，評估一下這半邊臉表現出多少情緒成分。然後慢慢移動卡片，蓋住照片的左半邊。再檢視一下這個人的表情。是看起來更快樂？更不快樂？或是跟剛剛看到的那半邊臉一樣？更難過或是更不難過？更無聊或是更不無聊？更激動或是更不激動？

在另外一張紙上製作一個三欄的表格。第一欄寫「照片左半邊（照片中右臉）表情比較強烈」。第二欄寫「兩邊差不多」。最後一欄寫「照片右

邊（照片中的左臉）表情比較強烈」。在你決定第一張照片哪半邊臉的表情比較強烈，就在紙上的那一欄裡頭做一個標記。這張照片看完後，選下一張。每一張照片都重複這個觀察的程序，然後在紙上的欄位做好標記。

當你檢視完畢所有的照片，把欄位的標記加總一下。哪一邊的標記比較多？人們是不是真的比較常使用左半邊的臉表達情緒？

最後的年歲

．．．．．．．．．．．．

　　儘管達爾文愈來愈有名，甚至成為歐洲最知名的科學家，他卻把自己最後的幾年時光都花在跟家人一起平靜的生活在舒適的家中。他從不在意自己成了名人。他關心的只有科學觀察，以及從這些觀察中獲得有趣的結論。

　　在他最後的幾年，他持續不懈的工作，並且出版一系列驚人的科學專論書籍，其中大部分是關於植物的研究。這些書沒有一本比得上《物種起源》或是《人類的起源》那麼重要且具有突破性，還是賣得不錯，因為達爾文實在太有名了。

達爾文的工作間，他都是在這裡寫作。

達爾文的家，唐恩小築，這是他居住多年之後的樣貌。

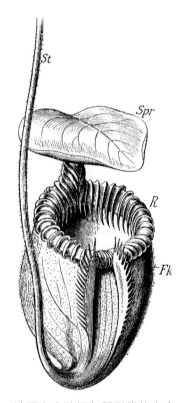

St

Spr

R

Fk

達爾文大致把各種形態的肉食性植物都寫進書裡，包括這種有瓶狀葉的植物（一般都稱它為豬籠草）。它會設陷阱把蟲子引誘到它的瓶子裡。

他和嫻淑的妻子艾瑪，在孩子成長期間一直守護在唐恩小築，直到孩子一一搬出去、結婚成家。這時的達爾文已經是個相當有威嚴的老人了。雖然《人類的起源》出版時他不過才六十二歲，但各樣的病痛折磨卻讓他看上去比實際年齡更加蒼老。達爾文每天維持例行習慣，起床、散步、寫一點東西、整理他的花園與溫室、寫寫植物觀察筆記、讀信回信、瀏覽報紙看看有沒有提到他的書、再寫一點東西，然後就休息了。這些就是他每日所需——步調緩慢，偶爾接受一點小干擾。因為這種放鬆悠閒的氣氛，他的健康在晚年期間反倒好轉了一些，至少比之前十幾年要好。

達爾文並不認為自己是天才，或是什麼特別重要的人物。所以當人們想一窺名人真貌不請自來，他感到相當氣惱。也有些人會寄信問他是不是有什麼「特殊技能」，對這些來信，達爾文一律回答「沒有」。有些大學與社團開始頒給他榮譽學位，他都用幽默的態度來回應。

經過多年的觀察，他終於在 1875 年夏天出版了《食蟲植物》。因為對毛氈苔感興趣而開始的觀察，到後來竟然把所有食蟲植物都納入研究。他是頭一個寫書探討這種稀有生物的人。達爾文試著了解這類植物是如何偵測獵物，以及怎麼判斷什麼能吃——這類植物根本沒有神經系統，更不用提腦子這種器官了。他一直搞不懂它們是怎麼辦到的，不過這本書以引人入勝的方式全面性的介紹了這個主題。之後沒多久，他又出版了一本小書，也算是相關主題：植物如何用卷鬚幫助自己攀爬籬笆與牆面。

1876 年，達爾文接受提議，願意寫一本自傳，這也是因為太多喜愛他的人想知道他的生平與經歷。但是他對於寫自己的故事感到不自在，所以沒花

多久時間就寫完了，以致這本書讀起來像是沒什麼條理的回憶錄。他甚至沒花太多篇幅描述那趟改變他一生的遊歷，他的解釋是關於那趟旅程他已經寫在《小獵犬號航海記》裡頭了。至於他生命中的其他部分，他只是東寫一段回憶、西寫一點故事，但是全本都沒有一個字是批評別人的。他幾乎完全不表露自己的內在情感。

要是有一陣子不做研究，他就會受不了。幾年之後，他又出版了三本書，全都是關於他的蘭花跟毛氈苔研究。第一本是關於植物如何受精，第二本是關於不同狀況下花會出現不同的型態，最後一本的書名則是《植物運動的力量》。這些書都具有高度的專門性與技術性，所以沒有引起人們的興趣。但是達爾文並不在乎，他已經達到他的目標，現在只想開心的出版他自己感興趣的一些專論小書。

1877 年 11 月，他的母校劍橋大學頒給他榮譽博士學位。達爾文通常對這類頒獎或頒學位的事情不太感興趣，但是這個學位對他來說意義不同。他向來不是個樂於學習的學生，劍橋還是要頒給他這個榮譽，這代表他投入一生的研究工作產生了影響力，他得到社會高層的肯定。

一個時代的終結

達爾文把生命的最後幾年都花在研究蚯蚓的各種細節上。他是第一個搞清楚原來這些蟲子對地球上的生命是如此重要。他發現，幾乎世界上所有的

插畫家畫圖諷刺達爾文——他說我們都是蟲子的後代。

表土，都是由蚯蚓吃下腐爛植物之後排泄而出的物質所組成。不論他看向哪裡，大約每 6.5 平方公分的地底下都有蟲子在其中蠕動爬行，牠們不論碰到什麼都吃下去並消化排泄出來。百萬年來，全世界幾十億隻的蟲子吃了又消化，把腐爛植物變成能夠讓植物茂密生長的肥沃土壤，讓土地成為許多植物得以欣欣向榮的基礎。達爾文把蚯蚓的這些行為看成是一種盛大又緩慢的改變力量，把地球打造成他跟萊爾理論中描繪的樣子。他想要好好幫這些蚯蚓記上一筆功勞。他把蚯蚓養在盆子裡，然後安排各樣的實驗，好觀察牠們的行為。他甚至在大雨的夜裡站在屋子外面，就只是為了觀察蚯蚓到底怎麼在地面上鑽進鑽出。

1881 年，他把自己的研究成果集結出版，這本書叫做《腐植土的形成與蚯蚓的作用》。他為了說服出版商出版這本書，還特地跑到倫敦一趟，因為達爾文很確定只有少數人會買主題這麼奇怪的書。雖然很勉強，但是他的出版商還是同意出版這本書了。

出人意料之外的是，《蚯蚓》變成達爾文最受歡迎的一本書。出版商根本來不及再版。園藝一直都是英國相當受歡迎的一項嗜好，上千名園藝家非常好奇偉大的達爾文會怎麼寫蚯蚓跟土壤呢？有誰會想得到蚯蚓如此重要呢？插畫家又紛紛動起筆來，這一回他們又用蟲蟲當主題來諷刺達爾文。

達爾文的蟲蟲主題完成過後沒多久，他的心臟開始出現問題。他知道自己沒多久好活了，便寫下遺囑，並且告訴艾瑪，他並不害怕死亡。

最後，在 1882 年 4 月 19 日的下午，達爾文的心臟停止跳動，逝世於唐恩小築，身邊有家人圍繞陪伴。一個時代就這樣結束了。

　　艾瑪準備把他埋葬在鄉間的墓園裡。但是達爾文的科學界好友有更大的計畫。他們覺得應該給予達爾文一個最高榮譽的葬禮。許多英國歷史上的偉大人物都埋在倫敦著名的西敏寺，人們都認為那裡是安葬國家重要人物的聖堂。赫胥黎、虎克以及所有達爾文具重大影響力的好友都認為，達爾文應該埋在西敏寺。艾瑪與其他的家人本來希望他可以葬在家附近，但是最後他們也同意達爾文是屬於國家的，應該讓他葬在所有人都可以前去悼念並致敬的地方。

　　1882 年 4 月 26 日，達爾文安睡在西敏寺，離另外一個傳奇科學家牛頓的墳墓只有幾吋的距離。達爾文的生命航程到此終結。

　　或者才要由此開始？

丹諾（照片中站立面對著觀眾的這一位）是個非常高明的演說者。

Chapter 8

達爾文之後

達爾文的名字如今是舉世皆知，他的理論也廣為科學家採納，成為生物學的基礎，用來研究各種生命現象。但是並非一開始就是這樣。雖然他所提出的演化論在他有生之年就四處廣傳，但是這當中有很長一段時間是人人都排斥這個理論。要不是後來靠著一位低調、不出名的修道士，孟德爾，達爾文很可能會完全被人遺忘。

問題

回到 1860 年代，一些批評達爾文的人開始指出，透過天擇而來的演化有一個主要問題。他們說，即使一個物種裡頭出現各樣有用的變異，還是可能在許多世代之後被「清洗」掉，然後完全消失不見。例如，一隻鹿擁有格外

強健的腿，讓牠能夠比同胞手足更有機會逃過掠食者的追捕。根據達爾文的說法，這隻鹿應該能夠存活下來，長大成熟、繁衍出許多小鹿寶寶繼承牠強壯的飛毛腿。但是，評論者指出，為了擁有後代，這種飛毛腿鹿會跟一隻普通的鹿交配（因為當時沒有別的飛毛腿鹿），也就是說這隻小鹿寶寶的父母其中一隻是飛毛腿，另一隻只是跑得普通快。因此照道理來說，這隻小鹿寶寶就不可能跑得跟飛毛腿鹿一樣快。然後等這隻小鹿長大，牠還是只會跟一隻普通鹿交配，而牠的後代就只會更普通。經過幾代之後，擁有強健快腿這類有利的變異，就會被其他平庸普通的特徵蓋過去。所以，那些評論者認為，不太可能有所謂天擇導致新的性狀特徵出現，更不可能因此出現新物種。

達爾文對這個疑問一直沒法給出好的答案，當時也沒有其他人能夠回答這個問題，直到 20 世紀這個「混合遺傳」的問題仍舊考倒了一堆頂尖科學家。但是答案其實就在他們眼前。

孟德爾

●●●●●●●●●

在奧匈帝國的鄉下一個叫做布律恩的小鎮（現在叫做布爾諾，位在捷克共和國的境內），有一位性情溫和的修士叫做孟德爾，他決定要利用自己空閒的時間來做個有趣的實驗。孟德爾不認識達爾文，也完全不知道當時整個英國為演化論而瘋狂。但是他剛好解決了達爾文理論的最大難題。

1857 年至 1865 年之間，孟德爾在修道院的花園裡頭種出特殊變異的豆

孟德爾。

子。他想試著搞懂遺傳的法則：究竟為什麼下一代都會看起來跟上一代有些相似？這點是如何辦到的？他選擇種豆子，因為這些豆子有幾種典型的特徵，他比較容易進行測量。他種的有些是綠種子，有些是黃種子，有些會長得高，有些都矮矮的，大概是諸如此類的差異。孟德爾把黃色豆子的花粉沾上綠色豆子，讓它受精。等到豆子長大成熟，他打開豆莢，發現裡面竟然都是黃色豆子。這些豆莢裡的豆子甚至不帶點綠色，而是完全黃色的，親代的特徵竟然沒有混合遺傳給下一代。這太奇怪了，但是後來又變得更怪。他讓第二代的黃豆子互相受精，當他打開第三代的豆莢，他發現四分之三的豆子是黃色的，四分之一的豆子卻是綠色的。綠色特徵不知怎的竟然藏在黃豆子裡頭，然後在下一代豆子身上重現出來了。

孟德爾花了八年時間進行各式各樣的這類實驗，並且每次都做了很仔細的紀錄。到了最後，他得出幾個重要的結論：

· *每種生物都會從他們的親代繼承到一些特徵。*
· *親代都會提供一半的「遺傳因子」（現在會稱為「基因」）。*
· *如果父母有不同的特徵，通常這些特徵不會「混合」出現在子女身上，而是其中一種特徵會表現出來（顯性），另外的會隱藏起來（隱性）。*
· *隱藏起來的「隱性基因」並不會消失。若是父母都帶有隱性基因，他們的子女身上就會再次出現那些隱藏起來的特徵。*

舉例來說，你的祖父個子非常高，你的祖母個子非常矮，當他們生下你父親，他竟然跟你祖母一樣也是個矮個子。同樣的事情也發生在你母親的家

這是孟德爾在修道院花園種植豆子的照片。

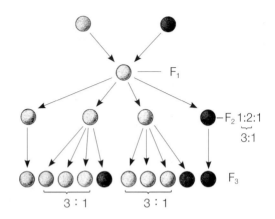

黃豆子跟綠豆子在交配後，產生的第一代
（F1）會是黃色豆子。但是新的黃豆子的下一代
（F2），會變成是三顆黃豆子與一顆綠豆子這種
比例。後面幾代都會嚴格的按照這樣的模式遺
傳下去。

族，一個高個子男人與一個矮個子女人結婚，生下你母親，她也長得矮矮的。然後你的父母結婚了，生下你跟你的兄弟姊妹。由於你的父母都是矮個子，所以你也會屬於矮個子一族嗎？不一定喔！你的父親跟母親都有隱性的高個子基因，那是他們從祖父身上繼承來的。孟德爾證明了，在很特殊的狀況下，就算你父母都是矮個子，你還是有四分之一的機會是高個子。

孟德爾以精確的計算證明，豆子身上的許多特徵是按照一套可預測的模式出現。他把自己的研究結果發表在德文期刊上，但只有很少人會拿到這份刊物，讀的人就很少了，所以人們很快便忘記有這篇文章存在。孟德爾很失望，後來沒過多久他被擢升去管理整個修道院，所以他也沒空再回頭去當個科學家，做實驗了。

再發現

多年之後，時間來到 1900 年，另外一個科學家發現了孟德爾論文的複本。他超級驚訝的。這位不知名的修士竟然在遺傳問題上有這麼重大的發現，而且還完全沒有人知道。

關於孟德爾研究的消息在歐洲傳了開來，人們開始用植物或動物來做類似的研究，以便驗證他的研究結果是否正確。這些人發現同樣的遺傳模式會出現在各種生物身上，不只是豆子而已。更進一步，他們發現某些性狀特徵確實會混合，即使如此，孟德爾關於隱性顯性的原理還是正確的。在某個實

際案例中，黑母雞跟白公雞交配後，下一代會生出灰色的雞，但是灰色的雞卻會生出灰色、黑色與白色的雞。最關鍵的是，黑色與白色羽毛的基因並不會消失，也不會永遠只出現顏色混合的結果。

很長一段時間，沒有人看出這些基因實驗跟達爾文演化論之間有什麼關係。天擇仍然只是一種假說，因為沒有人能夠回答那些批評者的問題——他們還是強調擁有優勢性狀特徵的一方會因為跟普通的一方交配而變得平庸，然後那些優勢特徵過一陣子就逐漸消失了。

遺傳學與現代綜合理論

然而，從 1920 年起，科學家開始明白「孟德爾」遺傳學解決了達爾文演化論的那些問題。孟德爾的實驗顯示天擇的批評者是錯的。因為優勢變異並不會被沖淡到或消失。如果有新的性狀特徵是來自顯性基因，親代的這個特徵會分毫不差的傳給下一代。這也代表，有助於生存與繁殖的具優勢新特徵會在整個物種當中廣傳開。隱性基因也會跟著傳開，傳的速度卻是慢一點。天擇完全說得通了，達爾文的名聲保住了。

達爾文的演化論與孟德爾的遺傳學說混合起來，就成了一個新理論：現代演化綜論。綜論的意思是混合兩種或是兩種以上的論點變成一個新的。這

雞（與其他物種）的遺傳模式跟豆子完全一樣。灰色雞仍舊擁有純黑色羽毛基因跟純白羽毛基因，而這些特徵會在牠們的後代身上顯現出來。

個理論有時候也稱為「新達爾文主義」。現代演化綜論是當代科學家都接受的演化理論。這個理論把演化論所有最棒的概念都放進來，新的、舊的理論一起納入一個更大的理論，大到足以解釋自達爾文以來發現的所有演化證據。現代演化綜論不是簡單幾個字就能解釋得完。但是其中有幾個基本重點：

· 演化是以前發生過、現在也不斷持續發生的狀況。
· 引發演化的原因有天擇與遺傳漂變（這個詞後面會解釋）。
· 生物身上的所有特徵都包含在很小的微粒裡面，這個微粒現在稱為基因，它是繁衍後代過程中能把性狀特徵傳遞到下一代的關鍵。
· 生物的變異是因為獨特的親代基因混合，同時又有小小的基因突變，因此造成生物身上除了有遺傳的部分，也有一點新的、不同的部分。
· 只有某一些特定的基因會決定個體的外表；其他的基因不會「表現出來」，但是會一代傳一代下去。根據孟德爾的理論，這些不表現出來的部分會在某些狀況下顯現。
· 演化是逐步發生的，一點一點的發生，這也是達爾文一再強調的。

遺傳漂變是指一些性狀的凸顯完全是隨機發生，而且結果不一定有助或是有害於生物的存活機率。新基因的顯現也可能對生物型態毫無影響。一旦它們顯現，這些性狀與基因就會擴及整個群體，就算是沒有什麼特別用處的特徵也一樣。「漂變」意指各種隨機或是偶然的演化改變，不見得是天擇造成或影響的。

發現 DNA

遺傳學與現代演化綜論還有一個問題，也就是沒人見過所謂的基因。孟德爾證明了基因存在，但是沒人知道它們長什麼樣子，也沒人知道在微觀層次上它們是怎麼運作的。1920 年代至 1940 年代，科學家使用更多更多有力工具，努力深入挖掘細胞內部。他們發現了染色體，這樣物質存在於每一個細胞體裡面，它的外表看起來很像小小的細繩子。實驗證明出染色體裡面含有基因，但是基因太小，眼睛看不到。

直到 1953 年，這個祕密才徹底解開了。在許多科學家共同努力之下，他們發現在染色體裡面，就有這麼一個小分子搭載了基因的訊息。這個分子叫做 DNA，這是個縮寫，它完整的正式化學名稱是，去氧核糖核酸（deoxyribonucleic acid）。這個 DNA 分子非常長，看起來像是交錯的兩條繩子，因著這個形狀，它被稱為雙螺旋。原來，基因，竟然是組成這個長長分子的片段。每一個片段都掌控了不同面向的基因密碼。直到 2001 年，科學家才終於搞懂是哪個片段裡頭的哪個基因影響了人類。在過了將近一百五十年之後，孟德爾的研究才算是真的完成了。

演化論的革命

從達爾文時期開始的一個半世紀以來，幾乎每個領域的專家都會援引他

的演化論。天文學家運用演化論的方式，探討星星與銀河系的構成以及宇宙的歷史；心理學家如今推測，許多人的情緒與思考方式也是天擇的結果；經濟學家、哲學家、人類學家與其他等等的專家，都開始看出天擇說的演化論不只是能用在動植物這個領域。語言學就是一個很好的例子。語言學是一門研究語言與文字的學科。

　　當代的語言學家採用演化論來追蹤語言是怎麼隨時代而變遷的。他們了解到，與達爾文用於研究動物的同一套天擇理論，可以用來研究字詞。如果某個字詞不再用於語言溝通之中，人們就不再說它，它也會因此漸漸消失。好比護肘甲這個字，指的是整套鎧甲當中保護手軸的那一塊。但是現在幾乎沒有人會穿鎧甲，所以也就沒有人會提到護肘甲。現代語言裡，沒有出現這個字眼的需要，人們漸漸不使用它，天擇的結果就是它消失了。

　　另一方面，新文字也會生出來，用以描述社會新的面向。三十年前，根本沒有人使用電腦相互傳遞電子訊息。因此，那時也沒有相應的字眼可以描述這種活動。可是一旦這種傳遞訊息方法出現，我們的語言為了描述這種溝通方式就出現新字：e-mail。愈多人採用這種電子傳訊方式，就有愈多人會談論這件事。過一陣子之後，e-mail 就變成一個在語言中很常出現的字眼。

　　老舊的字詞會消失，新的字詞會誕生。這是語言革新的方式，也是語言適應人類生活變遷的結果。

社會達爾文主義

社會達爾文主義不是一個科學理論，而是一個關於人類社會的哲學觀念。達爾文並沒有提出社會達爾文主義。事實上，他跟這個主義一點關係都沒有。這個哲學觀點只是用他來命名，實際發想者是一位英國作家，他的名字是史賓塞。

史賓塞。

史賓塞是個哲學家，他和達爾文是同時代的人。他對演化論非常感興趣，但不是關於動物植物的那個面向。史賓塞感興趣的是社會與文明如何演化。他把人類社會與自然環境相提並論。「就跟自然界的物種與生態演化一樣，」他如此寫道，「文明與國家也會演化。」史賓塞認為人為干預自然演化過程是不對的，我們對於人類的事務就應該像對待野生環境一樣，讓自然掌權，按照自然該有的歷程進行。

他還宣稱每一個個體都有人權，沒有任何一個人或是政府可以奪走這些權利。人類事務最高指導原則應該是自由。史賓塞提倡的是，政府應該放任人民，讓每個人去做可以讓自己最快樂的事。

史賓塞不停的四處推廣演化論（事實上，他是第一個使用演化這個字眼的人，而且意義就跟現在我們所知道的一樣）。當他閱讀了達爾文的《物種起源》，他感到非常興奮，因為終於有人證明了這世界上真的有演化。史賓塞採用了達爾文天擇的一些概念，然後把這些觀念應用在人類社會。史賓塞還自創一個新詞，「適者生存」，來描述如何把達爾文的理論應用在人類社

會。就像稍早提過的，這個詞非常好記又朗朗上口，所以人們開始使用這個詞，甚至連達爾文自己都用了。史賓塞實在太崇拜達爾文，後來乾脆用達爾文的名字來幫自己的哲學理論「社會達爾文主義」命名。達爾文不太高興別人用他的名字來描述一個概念，尤其這概念並不是他的，而且他也不怎麼欣賞這個概念。但是不只有史賓塞沾了達爾文的光，許多政治人物、哲學家都聲稱演化論證明他們的觀點是對的。

在史賓塞的觀點裡，「適者生存」放在人類社會的意思是，某些人很成功，過得快樂又富有，另一些人則是過得很失敗，悲慘又貧窮。那些所謂的「適者」——更強壯、更聰明、更努力工作之類的人——自然會晉升到社會階層的頂層。而其他那些不適者，會在飢餓與疾病來襲時，遭到排除。「在這樣的模式中，人類社會就能持續進步，」他寫道，「因為靠著排除掉『不適應的人』，那些『最棒的』人會生存下來。」

如今大多數人都會覺得社會達爾文主義太殘酷了。人們會說：「人類又不像動物，人類社會不是叢林。」不能只因為某些人現在很窮困，就認為他們活該如此。特別是在英國的維多利亞時期，一個出生於貧窮家庭的孩子，幾乎是沒有機會過上較好的生活。另外也有作家提到，許多種動物會合作、相互幫助，這往往也是讓物種存活下去的最佳方式。或許史賓塞錯了，因為在演化論裡，合作跟競爭一樣，都是很重要的部分。

當代關於演化論的爭辯

如果時至今日所有的科學家都接受了演化論，為何還是有爭論呢？人們到底在爭論什麼？

現在關於演化論的爭辯跟達爾文那個時代不同。達爾文需要同時面對兩個重要爭論：第一，他需要證明演化是真的發生了；其次，他需要證明天擇是演化發生的主要原因。他不只是需要向他的科學家朋友證明這些，還需要向全世界證明。

現在，爭論的戰場已經轉移了。科學家不再質疑演化是不是真的發生過，以及有沒有持續發生。那些都已經有無數的證據證明了，大家也都承認這就是基本的自然法則。

甚至大家都有共識，天擇就是引發演化的原因。科學界唯一還會爭論的點是，天擇對演化的影響有多大？是像達爾文說的那樣，天擇就是是演化的唯一原因？或者還有其他遺傳學的因素，也在演化過程中扮演了重要的角色？這類的爭論在科學領域很常見。事實上，這就是科學家工作的方式；他們會站在不同立論點上不斷爭辯，直到最後所有人都同意某一個論點是對的或是錯的。

仍有少數遭到誤導的非科學人士堅稱根本沒有演化這種事。這類人幾乎全都認為《聖經》永遠是對的，而且他們也認為演化論牴觸了《聖經》。因此，他們說演化論是錯的。在達爾文那個時代，也有這類反對演化論的意

見。因為這些人相信所有生物都是直接由上帝創造的，就像《創世記》描述的那樣。現在大家會稱這些人是創造論者。

創造論者想試著證明自己論點的時候，他們會說：「看哪！科學家自己都還在對演化論進行爭辯。如果連他們都沒有共識，又怎麼能期待我們相信演化是真的呢？這個理論都還沒成定局，所以最好還是不要假設演化是真實的。」

乍聽之下，他們講得好像有道理。是沒錯，當然，科學家至今仍然持續針對演化進行許多辯論。但是他們不是辯論演化到底存不存在，如同前文提過的，科學家都認同演化是真的發生了；他們只是在辯論演化如何發生的種種細節。但是多數人沒辦法跟上科學家們討論的那些專業問題，他們只知道科學家還在爭論某些事。所以創造論者就宣稱演化論還不是一個科學事實，只是廣為世人所相信的理論而已。

演化論進入學校？

近來創造論者和科學家之間的爭執，癥結都在於學校該不該教演化論？創造論者宣稱，演化論還沒有得到證明，所以不該在教室裡教這個東西。科學家當然執相反意見，他們認為，演化論的真實性就跟其他科學理論一樣，孩子的教育裡當然應該包括這一部分。

美國許多州都認為演化論跟其他科學沒什麼兩樣，應該要一視同仁。教

師們可以自由決定要不要教演化論。但並非每一個州都是如此。少數的州，好比堪薩斯州、阿拉巴馬州、阿肯色州，近來通過一項法律或禁令：禁止教導演化論，並要求在科學自然課上教導創造論。這些法令遭到挑戰，但有些挑戰沒能成功。全國各地每一年都會持續上演關於科學與創造論的爭辯，超過一半以上的州不時會針對能否在課堂上教演化論而進行辯論。

史科普斯的審判

美國針對演化論的辯論起始於 1925 年，當時發生一起史上最有名的審判案件。前總統候選人、基督教基本教義派牧師布萊恩，多年來他一直要求美國學校應該禁止教授演化論。布萊恩是如此受歡迎，又很有說服力，以致好幾州都採納了他的建議。1925 年，田納西州率先立法，處罰教導演化論的老師。

這項法律在田納西州大受歡迎，但是其他地方的人卻對此法感到相當憤怒。擁護言論自由的人士希望推翻這項法律，但是要達成這個目標，就需要有人先因為在課堂上教導演化論而被起訴。這樣他們才能在法庭上，就這項法條進行辯論。他們找到一名年輕志願者，他是在高中擔任足球教練的史科普斯，他在田納西州德頓高中代過幾堂科學課。教演化論並不是史科普斯自己的主意，是科學教科書裡本來就提到了演化論，而這本教科書是州裡每一位老師都要用的。他「坦承」自己教了演化論，並且因為違反法律而遭到起訴。

辯論雙方都認為這是陳述自己立場的機會。檢方這邊，希望證明史科普

布萊恩在悶熱的法庭裡揮扇。

史科普斯。

斯有罪，並且確立教導演化論是違法行為，所以他們準備了最強的辯護人員，其中包括布萊恩將會親自上陣。幫史科普斯辯護的團隊包括了全國各地支持言論自由的頂尖律師，連那位聞名全國、常惹爭議的丹諾律師也加入這個陣營。丹諾的名聲不佳，因為他接的案子是最引人反感又很驚世駭俗的。但大家都認為他是全國最具影響力的律師。

就跟達爾文那個年代一樣，報紙雜誌都認為審判是個好機會，可以透過談論人跟猴子的關連來挑動人們情緒、譁眾取寵。一連好幾個星期，審判的新聞都登上全國各地新聞的頭版。這也是第一起採用廣播現場實況轉播的新聞事件。所有美國人都被這個案子吸引了，還幫這案子取了一個名字，「猴子審判」。

事實上，根本沒有人在乎史科普斯是清白的還是有罪的，或者這項限制令有沒有違反法美國憲法。大家都認為這個審判是保守派、老派基督徒價值觀與現代知識自由之戰。丹諾甚至說：「受審的不是史科普斯，而是文明。」

誰會獲勝呢？

德頓小鎮像是慶祝狂歡節一樣。記者、牧師與好奇湊熱鬧的人成群結隊前來觀看這歷史性的一刻。有人甚至把黑猩猩帶進法庭要來作證，而這隻黑猩猩也瞬間成為小鎮焦點。

1925 年這個夏天，每天都有超過上千名觀眾湧進悶熱的法庭。辯護這一方首先強調此案根本不該送上法庭，因為這項法律本身就違憲了。法官是布萊恩的粉絲，他否決了這項提議。然後幾名證人出來作證，證實史科普斯確實在他的課堂上教導演化論。辯護方則是邀請幾位科學界專家來當證人。但

是當第一名證人——他是位動物學家，負責解釋人類與其他物種關係——作證之後，法官就不准其他科學領域的證人再上臺了。法官的意見是，這個案子並不是要討論演化論真不真實的，而是要討論史科普斯有沒有違反法律。

　　法庭裡頭實在擠太多人，連地板都快要撐不住了，整個屋子也熱得不得了。法官不得已只好把法庭移往室外，到法院外的草坪上進行審判。結果共有五千名觀眾聚集觀看這場審判。既然丹諾不能在法庭上討論演化，他決定改找證人來討論《聖經》。令人吃驚的是，他的第一位證人竟然是布萊恩本人！就算布萊恩身在敵方陣營，卻是個貨真價實的《聖經》專家。而且布萊恩也同意作證，他覺得這是個炫耀知識與專業的好機會。但是丹諾把布萊恩引到陷阱裡去，丹諾知道《聖經》有自相矛盾的部分，所以他認為沒人能在法庭上證明《聖經》裡頭字字句句都一定是對的。進行沒多久，丹諾的問題就讓布萊恩的說法開始繞圈圈了。觀眾開始嘲笑布萊恩，法官突然要求結束這段詢問。

　　這全是一場表演。過程中的任何討論都不能證明史科普斯是無辜或犯法。陪審團很快就定了他有罪，法官判他罰款一百元美金。技術上來說，丹諾律師輸了，但是記者（多半是支持演化論的）的報導裡，卻都是說布萊恩遭到羞辱，而本案可以看成是演化論大獲全勝。

　　審判結束沒過多久，布萊恩在睡夢中過世了，丹諾退休了，而史科普斯私下跟一名記者偷偷承認，他其實從來沒在課堂上教過演化論，他無意間跳過了那堂課！

雖然這隻黑猩猩最終無法上臺作證，卻逗樂了那些每天來德頓市看熱鬧的人士。

「猴子審判」大辯論

1925 年，田納西州的史科普斯老師遭到起訴，他被控教導學生關於達爾文的事。這是史上第一椿在法庭上辯論演化論的案子。史科普斯最後被判有罪，但是許多人都覺得不論法院怎麼說，這場審判都是演化論大勝，而這一切都要歸功於辯護律師丹諾。這次的活動是要重演一回這場辯論：這次哪一邊會贏呢？

你需要——

◆ 至少找兩位朋友或家人來參加活動（愈多愈好）

選一個人當布萊恩（反對演化論的一方），另外一個人當丹諾（支持演化論的一方）。如果你無法選擇，可以丟硬幣來決定。第三個人要扮演法官。其他人則是擔任陪審團的角色。

在這場模擬審判開始之前，當布萊恩與丹諾的人要先寫下他們預備採用的辯護論點。（把你在這本書上學到的所有知識都用上去吧。）這邊提供幾個不錯的論點，可以用它們來當這次辯論的開場：

布萊恩的論點

· 科學家們還在爭論演化論，既然連專家都有歧見，我們又要怎麼知道這個理論是真的？
· 田納西州的人有權決定要教他們孩子那些事物。
· 演化論只是個理論，並不是事實。
· 達爾文自己也不知道所有問題的答案。在遺傳學與其他重要主題上，他也有很多錯誤觀念。
· 如果達爾文其他的觀念出了錯，那我們怎麼能確定這個知名理論——演化論——是正確的呢？
· 連史科普斯都承認自己有罪，關於這點沒有什麼好爭辯的。
· 如果承認我們是從猴子演化來的，大家就會認為可以像動物那樣生活，文明也會因此而崩潰了。

丹諾的論點

· 有兩百年來有價值的科學觀察與實驗證明，所以一點都不用懷疑，演化真的是存在的。
· 這項法律是違憲的，因為它強迫人們接受單一宗教觀點。憲法規定，政府不能推廣任何一種宗教。
· 不會只因為田納西州禁止教導演化論，就讓演化論變成錯的。世界上其餘的地方還是接受演化論。其他人會嘲笑從田納西州來的學生，因為所有人都知道的事情只有他們不知道。
· 我們不能按照《聖經》來建立法律系統，因為《聖經》裡面各種奇特觀念與矛盾說法擺在現代世界來看，是不太能說得通的。
· 不管達爾文是對或錯，或是他是不是知道所有問題的答案，這些都不重要。從達爾文那個時候開始，許多科學家都證明了演化就跟你我一樣是真真實實的。

· 我來這裡並不是要討論史科普斯是無辜或是違法，我來是要說，這條法律本身就違法了，因為它牴觸了美國所堅持的一切價值。

如果你能想到其他更好的論點，也可以記下來。當每個人都準備好了，法官就宣布開庭。每一方都要輪流發表自己的論點。控訴方（布萊恩）應該要先開始陳述，但講的時間不可以超過 2-3 分鐘。然後輪到辯護方「反駁」（提出反對論點）控方的陳述，並且陳述自己的論點。照這個方式，雙方輪流來回辯論。任何一邊都不可以打斷對方的陳述。法官要維持法庭秩序，限制陳述的時間不能超過 3 分鐘，但法官自己不可以選邊站。

在雙方都講完自己的論點後，法官或者如果有陪審團，就讓他們來決定哪邊贏了。

審判之後，去圖書館找「承風繼影」（*Inherit the Wind*）這部電影來看。請你的父母跟你一起看。雖然許多人名與歷史細節都修改了，但這部電影就是根據史科普斯的審判改編，這部片能我們更清楚丹諾與布萊恩辯論的真實情況。

演化論：下一步

此後，演化的故事要往哪裡開展下去呢？許多領域的科學家持續研究演化，並探討演化給每一天的生活帶來什麼影響。

在達爾文的時代，幾乎沒有任何關於人類演化的化石證據出土。他只能用間接證據來推測人類跟猿猴的關係。然而到了現在，科學家發現許多達爾文所缺少的那些直接證據。近五十年來，人類學家發現上千個「失落的環節」的化石。他們指出智人這個物種是大約二十至一百萬年前在東非逐步演化出來的。甚至還有更久遠的化石證明了人類確實曾經有過很像猿的祖先。更細緻的現代 DNA 分析技術指出，人類跟黑猩猩、大猩猩的關係相當密切，這點

很符合達爾文與赫胥黎所推測的,而且也正是維多利亞時期的人憂心恐懼的。

人類未來的演化

但是人類會怎麼樣呢?我們的未來會如何?還會繼續演化嗎?或是我們停止演化了?

許多當代哲學家認為,人類徹底改變了自己的演化規則。跟其他物種不同,我們可以把環境改變成我們喜歡的樣貌。我們不再需要適應外在條件改變,而是創造適合我們的外在環境。我們打造的社會環境已經不再適用「適者生存」法則。如今,對於生存成長或是把基因傳給下一代這些事,你是不是強壯聰明都只會產生一點點影響,有時甚至根本沒影響。天擇只出現在自然界,但我們並不是生活在自然界。

這導致有人推測人類會走上不同的命運:退化(devolution,是 de〔倒退〕加上 evolution〔演化〕組成的字)。關於退化的理論是指,在未來我們會退化成更不適應的物種。為什麼?

許多年前,如果有人出現基因異常或是生下來就是嚴重殘障,他們往往也不會活太久,就算真的活很久,通常也不會有下一代。但是醫療出現驚人的進步,如今各樣殘障的人都能獲得幫助,存活下來,並且享有正常生活。所以他們的基因也會傳給下一代,而這些孩子可能就會繼承某些特徵。所以「適者」生存這話就不再成立了,因為現在每個人都可以生存下來。基因異常

未來的演化

人類未來會如何演化呢？從現在起到未來幾十萬年間，還有什麼性狀特徵是有用的？你能預測百萬年之後人類會演化成什麼樣子嗎？

你需要——
◆ 繪圖板或是空白紙張
◆ 彩色筆、彩色鉛筆或是蠟筆

人類演化還需要以下哪些性狀呢？
· 毛皮（為了捱過下一次冰河時期）
· 腮（當地球再度淹水，要靠腮才能活在水面下）

· 巨大的頭顱（好裝下我們有用的腦袋）
· 多一隻手臂（可以做更多工作）
· 腦袋後面有眼睛
· 翅膀
· 巨大的肌肉

你可以想像還有其他哪些性狀能幫助我們再繼續存活幾百萬年？我們的未來生存的環境會是什麼樣子：到外太空？在水底生活？擁擠的城市？廢墟一般的地球？或是移民其他的星球？我們身上新的性狀特徵要如何幫助我們在這些新環境裡面生存下來？

我們的身體會演化成更嬌小的尺寸？有可能我們的身體心智還是跟以前一樣，僅僅只改變生存方式嗎？或者會不會我們以後連身體都沒了？人類有可能變成只剩下數位訊息存在在電腦裡嗎？

以「你覺得人類將來可能會變成什麼樣子」為主題畫一幅畫，特別是要把環境變遷考慮進來（以我們現在的身體構造來看，好比翅膀與再增加新的肢體什麼的，就不太可能出現）。然後，再畫幾張圖，把你希望人類在多年後會變成什麼樣子畫出來。

與嚴重殘障會不會因此變得愈來愈多呢？

幸運的是，還沒有證據證明人類會往這個方向發展。這種想法都只在推測階段。多數科學家與思想家並沒有那麼悲觀。他們認為人類的未來還是很光明的。我們是如此有智慧的物種，甚至可以改造世界，讓世界變得更好。也許有一天我們還可以改造自己，把自己變得更好。

演化理論還在繼續蓬勃發展。我們每一天都從中學到更多東西。演化論本身就在持續不斷的演化！真希望達爾文能來親眼看看這一切。

參考資源

◎ 重要字彙表

· **後天獲得的性狀**（acquired characteristics）：是指動物與人在一生中逐步建立的特徵和特質，反義是那些一出生就有的特徵。後天獲得的性狀包括：傷疤、強壯的肌肉、知識或是骨折。

· **適應**（adaptation）：是一個物種逐漸改變自身特徵來適應所在環境的過程。

· **藤壺**（barnacle）：一種很小的甲殼類動物，生長在海中，會附著在石頭、船底或是其他大型物體上。達爾文花了許多年研究藤壺。

· **植物學**（botany）：用科學方法來研究植物。

· **創造論**（creationism）：相信《聖經》所說關於歷史或科學上的描述，字字句句都是真的。尤其是相信《創世記》所寫的，也就是六千年前上帝創造了宇宙，整個地球與地球上的所有生命（包括人類）都是在六天內創造出來。

· **DNA**：一種存在於細胞裡頭的分子，每一種生物控制遺傳狀態的基因訊息都儲存在裡頭；DNA 是去氧核醣核酸的英文縮寫。

· **環境**（environment）：動物與植物生活在其中的自然界。氣候、土壤類型、附近的動物植物、地勢地形，以及其他各種構成各樣環境的因素。

· **演化**（evolution）：為了適應環境，各樣物種慢慢隨著一代代出生而慢慢產生改變的傾向。演化同時也是指各種逐漸產生的進步與改變。

· **絕種**（extinct）：再沒有任何一個存活的樣本了。當某種動物或植物最後一名成員死去，那個物種就絕種了。

· **化石**（fossil）：經過幾千幾百萬年之後，動物或植物的殘餘變成石頭而保存下來的東西。

· **加拉巴哥群島**（Galapagos）：這一串小小的石頭群島位在厄瓜多的海岸附近。1835 年達爾文曾經造訪這裡。

· **遺傳學**（genetics）：特徵遺傳的研究，也就是親代透過微小粒子──基因，把自己的特徵傳給下一代。

· **地質學**（geology）：透過岩石、土壤與其他相關特徵來研究地球與它的歷史。

· **遺傳**（heredity）：把上一代的生理特徵傳給下一代。孩子會長得跟父母很像，就是因為遺傳的作用。

· **擬態**（mimicry）：某些植物動物自然而有的能力，就是透過模擬其他植物動物的外表來偽裝或是欺騙敵人。

· **自然史**（natural history）：研究自然的一切，包括生

命、生物或是地球。動物學、火山學、氣象學都是自然史的面向之一。

· **天擇（natural selection）**：達爾文演化論的一部分，內容是關於最能適應各種環境的生物比起不太適應的那些更能夠存活，並且能生養下一代。結果就是，自然成了一種「挑選」的力量，選上那些能夠幫助生物存活的特徵，因為他們的後代會從成功活下來的親代身上繼承這些特徵。

· **生物（organism）**：各種有生命的個體。每一隻動物、每一株植物或是細菌都算是生物。

· **古生物學（paleontology）**：藉由化石或是久遠時期的遺跡來研究滅絕的植物動物——好比恐龍。

· **科學（science）**：人類透過觀察事實、建立理論累積起來的知識，用以描述物理世界如何運作。

· **性擇（sexual selection）**：天擇的其中一個面向，解釋了某些動物後天獲得的性狀只能吸引伴侶，此外並無其他功能。好比，雄孔雀演化出美麗的尾羽，是因為很久以前雌孔雀都喜歡選那些擁有最漂亮羽毛的雄孔雀當交配對象。

· **社會達爾文主義（social Darwinism）**：一個具有爭議性的哲學思想，主張「適者生存」的理論不只針對動物，也可以用在人類身上，也就是成功、富有、掌握權力的人可以主宰社會，因為他們天生就比較有能力。社會達爾文主義不是達爾文提出來的，只是其他人用他的名字來命名而已。

· **物種（species）**：任何一個特殊類別的動物經過演化成了另外一個完全不同動物。同一物種的個別成員在生理特徵上都跟其他成員十分相似。

· **地層（strata）**：地殼上分層次的土壤或是岩石，這些層次可以標明出隨時間不同而累積的地質構造。

· **分類學（taxonomy）**：一種把動物與植物分門別類歸到不同類別的學問——好比屬、目、種等等類別——這些分類都是根據生理特徵來區別。

· **理論（theory）**：一種普遍的科學原理，整理出來用以解釋經過驗證的事實與觀察結果。發現更多新的事實後，理論也會隨之改變。

· **過度形（transitional forms）**：有些化石呈現出動物殘骸的樣貌是介於現有型態與早先形態之間的樣子。過度形的存在證明了動物可以從一種動物演化成另外一種。

· **演變（transmutation）**：從一種型態變成另外一種型態。達爾文用物種演變來描述演化的緩慢過程。

· **變異（variation）**：同一物種的成員身上出現的一連串微小差異。因為沒有任何一種動物完全一模一樣，所以每個動物跟同種的其他動物出現的些微差異，就叫做變異。

◤ 網站資源

關於達爾文的網頁

www.aboutdarwin.com/index.html

這個網站有關於達爾文一生中各方面的事實與細節，以及很多其他地方找不到的有趣圖片。

美國公共電視網演化專題

www.pbs.org/wgbh/evolution/

探索所有關於演化與達爾文生平的網頁，有許多美麗圖片與影片。還有最受歡迎系列節目《演化》的部分內容。

加拉巴哥群島研究站網頁

www.darwinfoundation.org/

來一趟加拉巴哥群島虛擬之旅，看看現在科學家在那裡發現了什麼。

唐恩小築網頁

www.williamcalvin.com/bookshelf/down_hse.htm

這個網站呈現達爾文定居的唐恩小築現在的樣貌。這棟建築對外開放的，網站上還寫了參觀資訊。

史科普斯審判網頁

www.law.umkc.edu/faculty/projects/ftrials/ scopes/scopes.htm

關於針對史科普斯進行的「猴子審判」，這個網站有你想知道的一切，你甚至可以看到審判當場的珍貴記錄影片。

如何找到其他成千上百個相關頁面

www.google.com/advanced_search

網路上還有成千上百個關於達爾文與演化論的內容，其中有很多都相當有趣。點開這個頁面，你可以輸入你想要找的資訊，像是「加拉巴哥群島」或是「恐龍化石」，就會出現所有針對這些主題而建立的網頁。

國家圖書館出版品預行編目（CIP）資料

跟大師學創造力. 3：達爾文與演化論 +21 個自然實驗 / 克
里斯頓. 勞森 (Kristan Lawson) 著；朱璦譯. -- 初版. -- 新
北市：字畝文化創意出版：遠足文化發行, 2018.01
　面；　公分. -- (Stem ; 3)
譯自：Darwin and evolution for kids : his life and ideas, with
21 activities
ISBN 978-986-95508-7-1(平裝)
1. 達爾文 (Darwin, Charles, 1809-1882) 2. 傳記 3. 通俗作品
784.18　　　　　　　　　　　　　106024116

STEM003
跟大師學創造力 3：達爾文與演化論＋21個自然實驗

作者／克里斯頓‧勞森 Kristan Lawson　譯者／朱璦
字畝文化創意有限公司
社長／馮季眉　責任編輯／吳令葳　編輯／戴鈺娟、陳心方、巫佳蓮
封面設計及繪圖／三人制創　美術設計及排版／張簡至真　校對／李承芳
讀書共和國出版集團
社長／郭重興　發行人兼出版總監／曾大福　業務平臺總經理／李雪麗　業務平臺副總經理／李復民
實體通路協理／林詩富　網路暨海外通路協理／張鑫峰　特販通路協理／陳綺瑩
印務協理／江域平　印務主任／李孟儒
發行／遠足文化事業股份有限公司　地址：231 新北市新店區民權路 108-2 號 9 樓
電話：(02)2218-1417　傳真：(02)8667-1065
電子信箱：service@bookrep.com.tw　網址：www.bookrep.com.tw

法律顧問／華洋法律事務所　蘇文生律師　印製／中原造像股份有限公司

2018 年 1 月 10 日　初版一刷　定價：380元　書號：XBST0003　ISBN：978-986-95508-7-1
2022 年 3 月　　　初版六刷

DARWIN AND EVOLUTION FOR KIDS: HIS LIFE AND IDEAS WITH 21 ACTIVITIES by KRISTAN LAWSON
Copyright © 2003 BY KRISTAN LAWSON
This edition arranged with SUSAN SCHULMAN LITERARY AGENCY, INC
through Big Apple Agency, Inc., Labuan, Malaysia.
Traditional Chinese edition copyright:
2018 WordField Co., Ltd. All rights reserved.

特別聲明：有關本書中的言論內容，不代表本公司／出版集團之立場與意見，文責由作者自行承擔